学力も人間力も
ぐんぐん伸びる
「志《こころざし》教育」の秘密

山田昌俊

SOGO HOREI PUBLISHING CO., LTD

学力を高める方法

きちんと挨拶をする
親や先生を敬う
相手を思いやる
時間や約束を守る
いつも笑顔を絶やさない
美しい言葉遣いで話す
身だしなみに気をつける
嘘はつかない
言い訳をしない

勉強とは一見関係のない
人としての当たり前のことができるようになると
学力は自然と高まるのです。

その上で高い志を育む教育に
正面から取り組んでいる
ある学校があります。

もくじ

序章
世のため人のために尽くす高い志を育てる学校を目指す

第1章

子どもの可能性を無限大に伸ばす「志教育」とは

第2章

真の学力を身につける「学習スパイラル」

第3章

人間的エリートを育成する「志教育」の環境づくり

第4章

魂が打ち震える感動体験が高い志を生む

第5章

家庭の法則――志を育てる八カ条

「志教育」対談

今、子どもを伸ばすためにいちばん大切なこと（山田昌俊　木下晴弘）

終章

私の志「二二世紀につなぐ教育がある」

編集協力　海部京子
ブックデザイン　土屋和泉

序章

世のため人のために尽くす
高い志を育てる学校を目指す

わずか六年で大きな成長を遂げた子どもたち

澄みきった朝の空気に包まれて、大勢の児童生徒が校門をくぐります。明るいベージュのスラックス、スカートを身につけた小学生、グレーのブレザー、セーラー服の中学生。制服姿の子どもたちは、どの顔も活気に満ちています。

「おはよう！」

「おはようございます！」

一日の始まりに、校内のあちこちで朝の挨拶が交わされます。

また次々と到着するスクールバスからは、運転手さんにきちんと「ありがとうございました」と言って降りてくる子どもたちの姿もみられます。

ここ長野県松本市の郊外、信州のすがすがしい山並みを望む地に位置する、才教学園小学校・中学校は私立の小中一貫校です。

平成一七年（二〇〇五年）四月の開校以来、本校では高い志を持った子どもの育成をはかってきました。その過程において、子どもたちは大きく成長を遂げています。

児童生徒はみんな、活き活きと目を輝かせて、

「学校が楽しい」
「勉強が面白い」
「才教に入ってよかった」

という言葉を口にします。「休みの日はなくていい。毎日、学校に行きたい」と言う子どももいるほどです。児童生徒が「学校が大好き！」と明言してくれるのは、教育者として、学校長として、これほど嬉しいことはありません。

小学生も中学生も、才教学園の教育理念にのっとって、日々勉強に励み、礼儀を学び、体を鍛え、夢を育み、学校生活を送っています。

その結果、人間力と学力は飛躍的に向上しました。子どもたちは自ら自己実現力を培って、中学卒業時には、大多数の生徒が志望校に進学を果たしているのです。

近年、本校の実績は評価をいただき、県内外から教育関係者が視察や見学に来られるようになりました。

訪問された方々がどなたも驚くのは、子どもたちの折り目正しい挨拶です。小学校低学年の小さな子でも、廊下で来客の方とすれ違うと、ちゃんと顔を見て「こんにちは」と言

います。挨拶は「才教生ならできて当たり前のこと」のひとつだからです。

授業時間中は、どの教室を覗いても密度の濃い授業が進められています。全員が真剣なまなざしです。

そしてお昼休みともなれば、校庭には、走り回って遊ぶ子どもたちの歓声が響き渡ります。中学生と小学生が仲良く交流しているのも、小中一貫校ならではの光景です。「学ぶときはしっかり学び、遊ぶときは思いっきり楽しむ」のは、本校の児童生徒の特徴といえるでしょう。

わずか創設六年の学校で、子どもたちの明るく積極的なようすを目の当たりにして、来校された方々からは「奇跡だ」という声も聞こえてきます。

私としてはそれほどに大それた思いはありませんが、この六年間はたしかに、驚きと感動の連続でした。この間、子どもたちの様子をじっと見ていて、今の日本の教育には何が必要かが、確信とともにはっきり見えてきました。

小中合わせて児童生徒数四二九名。私たちの小さな学校は、着実に子どもたちを伸ばし、実績を積み重ねているといっていいと思います。

子どもたちを取り巻く環境は悪化している！

私の脳裏に、「人を育てる学校」を創るという構想が浮かんだのは、今（平成二三年）から二〇年以上前のことです。

東京および千葉にて高校教員を一二年間勤めた私は、日本の教育にもの足りなさを感じており、イギリスに渡って日本人学校の開校に携わりました。現地では何校もの伝統校を視察し、本物のエリート教育を肌で感じて、「いつか自分の力で学校を創り、社会や国家に貢献できるすぐれた人材を育てたい」という希望が芽生えました。

ほどなく帰国して、平成元年（一九八九年）に長野県松本市で学習塾・開智学園を開設。塾の運営に没頭するかたわら、私は毎晩、パソコンに向かって将来のビジョンを打ち込んでいきました。

そのとき、三九才、心身ともに力がみなぎっていることを感じていました。私は、「今までしてきたレベル以下の仕事はしない」と決意しました。何が以上で、何が以下かは明確でした。それは、自分が本心から納得できるかどうかということです。良く考え、万全を尽くし、将来を見通し、一生の仕事をしようと決意したのです。

当時地方の塾は、大都市の進学塾と違って、あくまで公教育を補完するものという位置づけでした。私は、自らが開設した塾をレベルの高い教育施設として発展させるべく、長期計画を立てていったのです。

一年後には、塾生が百人になる。組織化と分担化、研修の体制を整える。

二年後には、講師の職場環境を整えるべく、塾を法人化する。

三年後には、さまざまな教育関係者と協力し合えるネットワークを作る。

五年後には、教室を二〇カ所に展開する。それに対応する新しいシステムを開発する。

一〇年後には・・・・・

私は、夢中になって思いつく計画をパソコンに落とし込みました。教育にかける熱意や夢を明確にしていく作業は、それはもう楽しくて夜が更けるのも忘れるほどでした。

このとき実はすでに、
一五年後には、学校を設立する。

こう書き込んでいます。学校を創るといっても、膨大なお金がかかりますし、認可を得るのもたやすくはありません。塾を開設したばかりで、もちろん何の準備にも着手していません。途方もないまさに夢のようなビジョンでしたが、奇しくも一五年後、才教学園の設立プロジェクトがスタートしたのです。

さて開智学園は、計画を具体的に明文化したせいか、年を重ねるごとに塾生も教室も増えて、順調に伸びていきました。

そのころ私の中で、また新たな思いが浮かび上がっていました。

塾に通う子どもたちの中に、学校で受けた心の傷が見えてきたのです。折しも公教育の現場では、いじめ、暴力、不登校といった問題が顕著になっていました。

子どもたちをよく観察すると、基礎学力の低下だけでなく、満足に挨拶ができない、集中力がない、先生の注意が聞けないなど、生活態度にも変化が見受けられました。

この国の未来を担う子どもたちからは、勤勉さ、礼儀正しさ、謙譲の美徳、奥ゆかしさといった、日本人の良き精神性がすっかり消え失せています。

このままでは日本の将来は危うい！

危惧の念がどんどん大きくなっていきました。危機感が膨らむにつれて、「学校を創り、日本の教育を変えなくてはいけない」という思いが強くなり、いよいよ学校設立計画が現実味をおびてきたのです。

小さくてもいい、人を育てる学校を設立しよう

私立の小中学校を創るなどということは、一般的には考えられないことでした。まず資金的な準備をすることがとても難しいという問題があります。学校設立にかかる費用は、三〇億とも四〇億ともいわれています。そんな資金があろうはずもありません。この時点でギブアップしそうなものですが、何かが私を突き動かしていました。

「大丈夫、教育はお金じゃあない。お金がなくたってできる」

私の経験からくる勘のようなものが働いていました。

「小さくてもいい、人を育てる学校を創設したい。多くの人が求めている教育がある。社会が、時代が求めている。今、その風が吹いている」

とは言っても、まったく展望が立ちません。

誰が見ても無謀ともいえる状態でも、私は機会があると声に出し、動き回り続けました。

平成八年（一九九六年）、コンピュータ支援教育研究団体の「信州ＣＡＩ研究会」の主幹、堀田俊夫さん主催のシンポジウムでは、〝新しい学校のイメージ〟と題して話しました。

また、同会の守屋義雄さんとはずっと学校設立をともに夢見てきました。一緒に全国各地の私立学校を見学したりもしました。

平成一二年（二〇〇〇年）には、「児童生徒教育支援協会」を設立しました。これは児童生徒、家庭、学校、地域の教育力を向上させるためのサポートを目的としたNPO法人です。何とかして現状を打開しようと思ったのです。

やがて、設立プロジェクトに強力なメンバーが加わってくれました。

現在の才教学園・教頭である松山治邦です。彼はもともと工学分野の研究者でしたが、娘の通っていた幼稚園でモンテッソーリ教育に出会ったのをきっかけに、神戸六甲山に私設の小中学校を開校。そこで先進的な教育を実践したのち、松本市に移住して、開智学園・村井校の校長となりました。共に教育論を語るなかで、学校設立の理念に共感してくれたのです。

平成一五年（二〇〇三年）九月、私たちは有賀正松本市長のもとを訪ね、私立小中学校創設計画を進めていることをお伝えしました。このことは地方紙に取り上げられて「中信に私立小中学校をＮＰＯが設立準備」といった記事になり、初めて設立の意を世に公言したかたちとなったわけです。新聞に載って動きは一気に加速しました。

こうしてプロジェクトは走り出したのですが、まったくのゼロからの出発で課題は山積みでした。

学校を新たに創るためには、土地、建物の確保をはじめとして、さまざまな許認可手続きが必要です。市長訪問時には、何とまだ土地さえも見つかっていません。設立目標時期は一七年の四月。たった一年半で開校に漕ぎつけるため、ここから怒濤の月日が始まることとなったのです。

私は土地と施設を見つけるために奔走しつつ、まず「設立趣意書」をしたためました。表題は「魂《こころ》の共鳴する教育を」。二一世紀という大変革期にあたり「高い志を持った、新しい時代を切り拓く人材を育成したい」という内容の文書です。

私が長くあたためてきた教育理念、目標、方針はほとばしるようにわき上がってきました。教育者として抱いている思いのすべてをこめて、一気に書き上げたのでした。設立趣意書については、次の第1章で詳しく述べることにします。

ところで年が明けて平成一六年（二〇〇四年）一月、もう一人のプロジェクトメンバーがあらわれました。

開智学園の塾講師に応募してきた酒井雄司です。大学在学中に渡米して、現地高校で日本語教育に携わり、大学卒業後はアメリカで青少年のためのアウトドアキャンプのプログラムディレクターとしての経験を積んでいます。帰国後、塾講師募集の面接時にプロジェクトの話を知り、ぜひ参加したいと願い出てくれたのです。酒井は、才教学園の現・総務部長となっています。

先に加わった松山は経営からカリキュラム、教育内容、教員採用などを担当、酒井は庶務全般を担当という、メインの役割分担もでき、プロジェクトチームの主軸は私を含め三人になりました。

私たちは毎日、ディスカッションを重ねて理想の学校の姿を詰めました。あるべき教育環境の実現にむけて、着々と青写真を作成していったのです。

現代の教育を懸念する親は予想するより多かった

無事開校をむかえるまでの一年間は、すさまじく目まぐるしい日々でした。

土地、建物の確定、校舎の建築確認、学校法人設立認可、小中学校設置認可、構造改革特区申請等々の手続きでは、あわや認可先送りといった、絶体絶命のピンチが次から次へとおとずれました。潤沢な資金があれば解決することも多くありました。ないところで何とかしようとするわけですから、色々なことがおきるのです。

この一年間のプロセスについては、それだけで一冊の本が書けるほどのエピソードがいっぱいあり、「もはやこれまでか、開校は無理かもしれない」とあきらめかけた時期も一度ならず。「一難去ってまた一難」と言ったスタッフがいましたが、それどころか「一難去らずにまた一難」の繰り返しで、やがて「百難去らずに百一難」を数えたものでした。

この難局を乗り越えることができたのはひとえに「笑い」でした。難問にぶつかったときは、凹まないで、荒唐無稽なことを言って笑い飛ばしてしまいました。そうするといろんなアイデアが湧いてくるのです。それともうひとつ、「誠実」でしょうか。

ひとつずつ難題に対処していくなかで、光明は見えてきました。

学校の名前はいろいろ考えたすえに、「才能を伸ばし」「人としてのあり方を育む教育」を行うという意味を含み、声に出したときの響きのよさから「才教学園」と決定。そこで生徒募集のために「私たちが目指す教育についての説明会」と銘打った学校説明会を七回にわたって開催しました。

このとき私は、才教学園の学校使命、教育理念、カリキュラム、戦後教育の問題などに

図1　生徒数の推移

	H17 (2005)	H18 (2006)	H19 (2007)	H20 (2008)	H21 (2009)	H22 (2010)	H23 (2011)
小学校	40	82	118	155	200	236	285
中学校	25	53	87	97	113	116	144
合計	65	135	205	252	313	352	429

→ 新校舎に移転

図2　在籍数（H23）

学年	人数	学級数	学年	人数	学級数	学年	人数	学級数
小1	61	4	小4	46	3	中1	59	3
小2	58	3	小5	34	2	中2	40	2
小3	51	3	小6	35	2	中3	45	2

ついて率直に語りました。現代の学校のありように懸念を抱く親御さんは、予想するよりもはるかに多かったようです。学校説明会では、活発な質問が飛び交って、関心の高さを感じとることができました。

校舎も完成しました。場所は松本市内の内田地区。校舎の裏には牛伏川の清流が流れ、鳥のさえずりが聞こえるような、自然が素晴らしい教育環境です。ここは、内田地区の土地で、内田のみなさんが、快く提供してくださいました。

もともと、杉山さんという方が長い間旅館を営んでいたところです。ご高齢のうえ後継者がいないということもあって旅館は廃業していました。杉山さんは、私の学校設立の夢に応えて、あっという間に古い建物を取り壊してそこを使えるようにしてくださいました。市の職員の方、建設事務所の方、内田の財産管理委員会の方、みなさんに学校設立の意思が感じられました。多くの方々の尽力で、質素ながらも清潔感あふれる校舎ができあがったのです。

法人の認可に際しては県教育委員会私学教育振興室（当時）、英語特区の申請に際しては市教育委員会が、私たちの無茶なお願いを辛抱強く聞いてくださいました。特区の認証式には、教育長のお伴をして総理大臣官邸に行ってきました。

こうして、平成一六年（二〇〇四年）一二月二四日、学校法人が認可されたのです。

私たちは強い手応えを実感し、プロジェクトを進めていきました。制服、校歌、校章、給食、スクールバスの選定や手配から、教員採用と研修、入学選抜試験の実施。そして合格発表により、小学校四〇名、中学校二五名、計六五名の第一期生が誕生したのです。小学校一年より中学三年まで合わせて六五名です。

平成一七年（二〇〇五年）三月二一日、とうとう才教学園開校式の日がやってきました。教員時代から二〇年近くの、学校を創るという夢が実現したのです。わずか一年半の短期間で、よくぞやり遂げたと感慨でいっぱいでした。それはもちろん私のみの力ではなく、松山、酒井らスタッフの奮闘と、多くの方々の助力があればこそです。

今にして思えば、時代が私たちの学校を求めていたといってもいいかもしれません。

開校式の挨拶では、中国故事を引いて、

「地の利、時の運、人の和が結集した結果です。この地、この時に集まった大人も子どもも、集まるべくして集まったのだと思います。やがて才教学園から、日本、世界に貢献し、役立つ人材が輩出されることを強く思い続け、力を注ぎ続けます」

と述べています。

大都会ではない長野県という地で、しかも日本の教育が危機に瀕しているときであったから、磁力に引き寄せられるようにたくさんの人が集まってくれました。

世の中の追い風が吹いて、後押しをしてくれていると実感しました。

この国はどのような人材をいかに育てるべきか

学校創設から六年が経過して、児童生徒は期待以上に伸び続けています。

学校説明会では、「本校は人を育てることに真剣に取り組む学校」であると訴え続けてきました。人を育てるというのは、将来の社会のリーダーとなりうる学力と人間力を伸ばす教育を実践するということです。

才教学園のこうした理念は徐々に地域に浸透していき、児童生徒数は初年度の六五名から、六年後には四二九名にまで増えました。四年目の平成二〇年（二〇〇八年）には、内田校舎が定員オーバーとなったため、現在の松本市村井町北に移転。松本市を中心に、県内各地から児童生徒が通学しています。

本校の教育が共感を得ることができたのは、ひとつに学力の面で結果がすぐにあらわれ

図3　平成23年の地域別通学者数

大町市	6
池田町	2
安曇野市	42
松本市	196
山形村	6
朝日村	2
塩尻市	60
長野市	1
岡谷市	29
下諏訪町	18
諏訪市	39
辰野町	1
茅野市	18
原村	1
富士見町	3
伊那市	3
駒ヶ根市	1
千曲市	1

たことが大きかったと思います。開校そうそうから、県トップ校である県立松本深志高校をはじめとして有数の高校に多くが合格しました。途中の学年から入学した子どもでも、環境が整えばたちまち高度な学力水準に到達したのです。

学力はただただ詰め込んだだけでは、伸ばすことはできません。ある程度のところで限界が訪れます。それに対して、人間力をつけると、学力もぐんぐん伸びます。予想はしていたものの、一年〳〵、私たちは目を見張るばかりでした。

しかしながら、才教学園は学力向上を目的とするだけの学校ではありません。

勉学に努力するのは大前提。そのうえで高い志を持ち、世のため、人のために我が身を顧みることなく尽くすことができる人間を育てるのが使命と考えています。

よって入学選抜試験では学力の審査にとどまらず、本人、保護者の面接を重視しています。つまり親子共々、本校の目指すところを理解し納得し、共に歩み続けられる子どもを才教生として迎えているのです。

教育現場のさまざまな問題がとりざたされている今日、私たちは「当たり前のことを当たり前にできる学校」への回帰にチャレンジしてきました。勉強はもちろん、人間として成長できる場であるという、学校の原点に立ち返ろうとしています。こうした取り組みは、教育機関、保護者ほか、各方面から注目されるまでになりました。

本書では、そのような本校の教育の全容をお伝えしたいと思います。

私たち才教学園は、開校準備の段階から、子どもの可能性を伸ばすために体系的な仕組みをつくってきました。

そこで第1章から第5章まで、教育環境を形成する「志教育」「学習スパイラル」「人間的エリートを育む教育」「感動を体験できるカリキュラムづくり」「家庭の法則」について五部構成で述べます。また本校の教育を熱心に支持してくださっているカリスマ教育者、木下晴弘氏との対談をお読みいただければ、才教学園の教育方針をより客観的につかんでいただけるでしょう。

尚、本校では児童生徒、教師、保護者の声を、ホームページや広報紙や学級通信など、あらゆる方法で積極的に発信しています。それらも随所でご紹介したいと思います。

日本の現在の教育に、疑問を感じている人々は少なくありません。今、この国はどのような人材をいかに育てていくべきか。教師の方々、親御さんはもとより、企業の経営者や管理職など、教育、子育て、人材育成に試行錯誤しておられるすべての方々にとって、この本が方向性を見つけるひとつのきっかけとなれば幸甚です。

第1章

子どもの可能性を無限大に伸ばす「志教育」とは

なぜこの国の教育は活力を失ってしまったのか

すべての子どもたちには、高い志を生む生命力が備わっているものです。

高い志が育まれた子どもたちは、使命感を抱き、やがて社会に貢献できる人間に成長する可能性を大いに秘めています。

ところが、近年の学校は、子どもたちのまっすぐな夢や希望を芽生えさせ、開花させる環境になっているとはいえません。

そもそも才教学園を創ったのは、幼い心に尊い志が育ちにくい教育の現状を憂慮し、将来を背負って立つ人材を育てなくてはいけないとの強い念を抱いたからです。

昭和五〇年代、まだ私が高校教師をしていたころから、すでに教育問題は広がっていました。三〇年近くが経った今も、学級崩壊、いじめ、不登校、校内暴力など、さまざまな課題が累積しており、いっこうに改善のきざしがみえません。

平成二一年（二〇〇九年）の文部科学省の調査によると、いじめ、不登校の件数は減少しているものの、小中における暴力行為は過去最高の件数にのぼっています。

学力もまた、少なからぬ小中学生の学習意欲は低下傾向にあり、平成一五年（二〇〇三年）には国際学力調査の順位が急落しました。

いったい、なぜこれほどまでに日本の教育は活力を失ってしまったのか。

私はそう考えたときに、「戦後の教育が、人を育てるということを本気でやってこなかったからではないか」というところに行き着きました。

現代の教育の最大の問題は、道徳観、倫理観、あるいは自律心というものを、戦後六〇数年の長きにわたって、大人が子どもたちにきちんと教えてこなかったことに起因しているのではないかと思うのです。

この国では終戦後、自由主義、個人主義を取り入れて、教育の現場でも、戦前のいっさいを否定してきました。それによって私たち日本人が受け継いできた価値観までも、学校で子どもに伝えることができなくなりました。

その結果、どうなったかというと、利己主義が蔓延して「自分さえよければいい」という意識が大人にも子どもにも根づいてしまいました。

戦後生まれの大人は使命感が希薄で、トラブルや危機が起こるたびにトップが保身に走り、リーダーシップを発揮できない場面をしばしば目にします。

子どもたちはそんな大人の社会を反映するかのように、「人のために自分は我慢をする」精神が育たず、すぐにキレる子どもがたくさんいます。

私は塾を立ち上げたのち、子どもたちの問題を間近で見るにつけ、「いまいちど戦後教育を洗い直さなければいけないのではないか」という思いが募ってきました。

私だけでなく、「かつての日本人の価値観をすべて否定してはいけなかった」ということは、いまや多くの識者が指摘しています。戦前の良いところだけは、教育の場で引き継いでいかなければならなかったのです。

いつの世も、将来の社会をけん引していく子どもには、学校で「当たり前のことを当たり前にできるように」教え育むべきです。昔のように挨拶や礼儀をきちんと身につけさせ、「ならぬことはならぬ」と厳しく律することも必要です。さらに学校は第一に勉学の場であってしかるべきです。

教育は国の根幹をなすものといえます。このまま道徳観や倫理観なき教育をしていたら、リーダーとなりえるすぐれた人格を備えた人材は生まれません。

ならば、世のため、人のために尽くす高い志を持った子どもを育てる学校を自分で創ろう。人を育てるということを、本気になって、とことんやらなくてはいけない。

それが才教学園を設立した動機であり、同時に学校使命となったのです。

「魂《こころ》の共鳴する教育」で日本の教育を変える

才教学園では、電車通学をしている児童生徒が多くいます。

朝、改札を通るとき、駅員さんに「おはようございます」と挨拶をするのは、才教生なら自然なことです。電車の中でむやみに騒いだりしないのも、お年寄りに率先して席を譲るのも、本校の子どもたちには当然と教えています。

礼儀正しい挨拶、言葉遣い、きちんとした身なり。それでいて明るく活発な本校の子どもたちを目にした方々はみな、どういう教育をしている学校なのかと思われるようです。実際に学校の外で子どもたちの態度に感心された方から、「あなたたちはどこの学校？」と聞かれるのもしばしばです。

挨拶もきれいな言葉も、才教学園の児童生徒にとって特別なことではありません。

学校を創設するときから、私たちが掲げてきた理念に基づいて教えている才教生にふさわしいふるまいなのです。

それでは、このような児童生徒を育む教育理念とはどういうものなのか。

才教学園の理念は、設立の準備段階でつくった設立趣意書に凝縮されています。序章でも触れましたが、私は学校を新設するにあたって「どのような学校を創るのか」を文書化しました。この趣意書こそが、今日の本校の土台となっていますので抜粋して記すことにします。

●設立趣意書「魂《こころ》の共鳴する教育を」

いま日本の教育は危機に瀕しています。社会環境の悪化により教育環境の劣化が進み、子供たちは、没個性、使命感を欠く人間、信頼感の喪失、言うにいわれない不安感、正常な成長を押しつぶされている状態に陥っています。そういう教育環境の中に置かれている子供たちは、自立のできない子供として育ち社会に巣立っています。

子供たちは人間として生きていく力を失っています。健全なものの見方、考え方ができなくなっています。将来に対して夢・希望・喜びを感じられなくなっています。その結果、青少年の様々な問題が、社会の病理現象として、深刻な様相を呈しています。この状況を打開するには〝魂《こころ》の共鳴する教育〟をもって対処しなければならないと痛感します。

教育は、新しい文化を築き、新しい社会を築く人間関係を創るためにはなくてはならないものです。知識は伝承できますが、経験（感動）は伝承できません。感動を体験する教育が人を育てます。感動は人間が本来備えている善なる心に触れる喜びであり、その人の持っている生命力の発露です。

これは多くの人の共感するところです。

〝魂《こころ》の共鳴する教育〟は新しい学校を創ることによって初めて実現されます。

なぜ新しい学校でなければならないのでしょうか。

世界は二一世紀に入って大きく変わろうとしています。こうした新しい時代を迎える変革期においては、変革期の志をもった時代のパイオニアを育てなければならないからです。

個性のある人間、他者との差異を尊重し大切にする人間、ハンディキャップを背負っていたり苦しむものを思いやり、手を差し延べる人間。そんな人間を育てることの結果として、社会に役立ち、国を救い、新しい時代を切り拓く人材を輩出できるのです。それは何よりも人間的で個性ある人間を育てることです。

初等中等教育にあっても全世界、全人類のために尽くす時代のパイオニアになることを目指す、新しい教育の可能性をもった学校が渇望される所以です。
その学校は以下の条件を備えたものとして提示されます。

●「人を育てる」ことに真剣に取り組む学校

●大胆な取り組みができる学校

●教育のパイオニアになることを目指す学校

以上の点から、この学校の教育目標、教育方針は次のようになります。

本学園の教育目標

①自尊心を育み、自立心と責任感を高める。
②相手の立場に立ち、自律したコミュニケーション能力を高める。
③自分で目標を設定して自発的に物事に取り組み、達成していく、自己実現力を高める。
④感動を体験し、「使命」に生きる生き方を希求する。

本学園の教育方針

①個性・能力に応じて、それぞれの子どもが自信を持ち、達成感を味わう。
②日本語によるコミュニケーション能力を高めるとともに、発達段階に応じ、実践を通して英語によるコミュニケーション能力を身につける。
③反復練習により、高度な思考レベルの基になる基礎学力をつけ、実体験や実習を通して分析力、判断力をつける。
④積極的に周囲の自然を活用し、責任感、連帯感、チャレンジ精神を育み、豊かな人間性を身につける。
⑤人間の叡智や、目標に向かっての努力、粘り強く諦めない先人の様子を見て感動や共感を覚える。

本学園の設立は、この（時代のパイオニアを育てるという）使命を達成するものであります。

「志教育」が子どもの可能性を無限大に伸ばす

平成一七年（二〇〇五年）四月の開校を目指していたとき、私はこのような設立趣意書を書きました。設立趣意書というよりも、なんだか檄文のようになってしまいましたが、「日本の教育の改革に我が命をかける」くらいの気持ちでした。

「教育を通して世の中を変えたい、良くしたい」という信念をこめて、「こういう学校を創りますよ、こういう教育をしますよ」と設立の意図を明確にするとともに、学校教育のパイオニアとなる決意表明を広く伝えたかったのです。

私たちは設立前、この趣意書をもとにカリキュラム、生徒指導、行事など、学校活動のプログラムを決めていきました。

つまり趣意書は形式的に書いたものではなく、設立時にここであげた教育目標と教育方針実現のために学校運営全般が組まれているわけです。

教育課程では、学力も心も磨く独自のカリキュラムを設けています。また才教学園三大イベントの、体育祭、さいきょう祭と呼ぶ文化祭、プレゼンテーション・コンテストなど

図4　主な年間行事予定

4月	入学式 授業参観（全校）
5月	遠足（小1、2、3） 環境整備（校友会保護者会）
6月	キャンプ（中1） 中間テスト（中学生） 修学旅行（小6） 体育祭（全校）
7月	期末テスト（中学生） 夏期校内講習（前期）（中学生）
8月	夏期校内講習（後期）（中学生） 個人懇談 子どものための音楽会（小6）
9月	球技大会 青少年のためのオペラ（中1） 環境整備（校友会保護者会）
10月	授業参観（全校） 中間テスト（中学生） 防災訓練 さいきょう祭
11月	卒業記念音楽会（小6）
12月	授業参観 期末テスト（中学生） 冬期校内講習（前期）（中学生）
1月	冬期校内講習（後期）（中学生） キー・スノーボード教室（小4〜中1）
2月	修学旅行（中2） プレゼンテーション・コンテスト（小3〜中2） 学年末テスト（中学生） 高校入試（県立前期、私立）
3月	高校入試（県立後期） 卒業式

は、どれも児童生徒の志を高める大きなチャンスです。

本校では、ただ知識を詰め込む授業はしませんし、思い出づくりのためだけの行事もどれひとつとしてありません。すべては、設立趣意書にある「社会に役立ち、国を救い、新しい時代を切り拓く人材」を育てるための授業であり行事なのです。

開校から早や六年が過ぎました。子どもたちの人間力は驚くほど伸びて、学力も如実に結果となってあらわれています。

平成一七年（二〇〇五年）、開校時の教育目標は設置趣意書とほぼ同じく次のようになっています。

①自立心と責任感を育てる
②他人を信頼し良好な関係を築いていけるコミュニケーション力を高める
③自分で目標を設定して自発的に物事に取り組み、達成していく、自己実現力を高める
④感動を体験し、「使命」に生きる生き方を希求する

平成二〇年（二〇〇八年）度には、「**世のため、人のために尽くす高い志を育てる**」をはっきり学校使命として打ち出すことにしました。

そして平成二二年（二〇一〇年）度から、学校使命と教育目標を実現するための教育全体を「**志教育**」と名づけ、私たちの目指す教育を強力に推進していけるようにしたのです。平成二三年（二〇一一年）現在、私たちは「志教育」の名のもとに、子どもたちの育成を実践しています。

組織の理念は、有名無実なものであってはなりません。学校も例外ではなく、どんな立派な目標を掲げていても、子どもたちに届かなければ意味がありません。

私たち才教学園では、創立以来、理念と日常の活動をしっかりリンクさせるにはどうすればよいか、試行錯誤を重ねてきました。

そうした取り組みのひとつが「世のため、人のために高い志を育てる」という学校使命を頂点に、学校全体で重点となる目標をあげることです。

生徒指導、学習指導、特別活動においては、各学年でもそれぞれ目標を設定しています。さらに各学年の各学級でも目標を決めています。そして子どもたちは、学期ごとに「二学期はこういうことを頑張る」といった目標を立てます。

つまり学校使命を大きな柱として、教師も児童生徒も全員が使命感を日々感じられるシ

図5　平成22年度学校重点目標

生徒指導	・礼節を重視し、けじめのある生活を送る。（倫理観の形成） ・善悪をしっかりと判断できると共に、正しいことは正しいと言える環境を作る。（倫理観の形成） ・自他を尊重できる環境作り。（愛） ・全員がリーダーとなれる資質を育てる。
学習指導	・より高い学力と応用力を育成する。（チャレンジ精神の高揚） ・自分の目標に向かって絶えずチャレンジする環境を作る。（チャレンジ精神の高揚）
特別活動	・個々が持っている可能性を十分に発揮できる環境作り。（才の発見） ・自分の役割について意識して行動ができるようにする。（役割への気付き） ・自分で設定した目標に向かって努力し、達成するように努力できるようにする。（夢を描き、チャレンジする）

図６　小学校４年○組の学級目標

- 低学年の手本となるクラス
  - けじめがある
  - 時計を見て自分から素早く行動できる
  - 元気で人に対して思いやりがある
  - あいさつ、返事がしっかりできる
- 一丸となって行動できるクラス
- 失敗しても何度でもチャレンジし、あきらめないクラス

図７　小学校１年〇組２学期の目標

A くん…かんじをがんばりたいです。そうじをきちんとしたいです。

B さん…こくごをがんばりたい。あさはやおきして、はやくがっこうにいきたいです。

C くん…こくごとさんすう。はやねはやおき。〇〇さんにわからないことをおしえてあげたいです。

D さん…こくごで、じがもっとじょうずになりたい。はやねはやおきができるようになりたい。

E くん…ずこうをがんばる。ともだちともっとなかよくなる。ろうかをはしらないようにしたい。

F さん…さんすうとこくごのぶんしょうだいをがんばる。ロッカーをもっときれいにしたいです。

G さん…えいごをがんばりたい。ともだちを17にん（＊クラス全員）つくれるようにがんばりたい。

H くん…じがうまくなりたい。たしざんひきざんをがんばりたい。きゅうしょくをはやくたべる。

I くん…ドッジボールとピアニカ。はやねはやおき。クラスのもくひょうにむけてがんばりたい。

J さん…さんすうのべんきょうをがんばりたい。ろうかをはしらないようにしたい。

k さん…こくごでかんじをじょうずにかきたい。そうじをもっとがんばりたいです。

L くん…えいごをがんばりたい。ひきだしをきれいにしたいです。

M くん…たしざん・ひきざんをがんばりたい。ひきだしをきれいにしたいです。

N くん…きゅうぎたいかいをがんばりたい。はやねはやおきがもっとはやくできるようにしたい。

O さん…ほんをよんでぶんしょうをしっかりかけるようにする。おそうじをがんばりたいです。

P さん…こくご（とくにじをじょうずに）と、さんすうをがんばりたい。そうじをきれいにしたい。

Q くん…はやいボールをとれるようになりたい。ひきだしをきれいにしたいです。

R さん…もっとべんきょう、とくにひきざんをがんばりたい。ともだちとなかよくなりたいです。

図８　中学校２年○組の生徒の目標

中学校目標　〝克己尽世〟

クラス目標　〝闘志　One for all, all for one.〟

各自の目標（クラスの一員として）

A君…Overcome myself. そして Myself for all. その為にまずは挨拶を徹底していきたいと思います。

B君…けじめをつけて行動し、時間を守っていきたい。

Cさん…誰に対しても礼儀正しくする。人の話をきちんと聞く。あいさつをきちんとする。

Dさん…自分のことよりも他人のために最善を尽くせるようにする。どんなときも絶対にあきらめない。困ったときに頼られるような人になる。

E君…係活動を忘れて迷惑がかからないようにしたいです。

Fさん…私は２年○組の一員として、自分より友達を気遣える人になりたいです。できるだけ友達に親切にするように心がけます。

G君…３分前行動１分前着席。気がつく。

H君…誰にでもやさしく接していきたい。積極的に手を挙げる。

I君…自分から考えて行動する。皆で協力し、助け合えるクラスにしていく。

Jさん…勇気を持って、楽をしないで、楽しいクラス。そんなクラスを１学期に作っていきたいです。

K君…係の仕事はさぼらずやる。また、できるだけ早く自文帳などを配って、生活の記録も配れるようにする。皆に迷惑をかけない。

L君…提出物を必ず出す。

M君…どんな時でも自分から行動する。そのためには自分の基本的なところを完璧にする。また、他人に迷惑をかけないようにする。

Nさん…今年が終わるときに悔いが残らない生活をしていきたいです。勉強とか行事だけでなく、人との関係などもがんばっていきたいです。

Oさん…困っている人がいたときに、〝勇気〟を持って自分から声をかけられるようになりたいです。皆でそのような人になれたとき、常に〝闘志〟を持って、団結した２年○組になると思います。

Pさん…誰にでも思いやりをもって、みんなが学校が楽しいと思えるように、困っている人がいたら、手伝いをしたり助ける。

Q君…皆と協力し合っていきたいです。

R君…闘志という目標になったので、何事にもがんばっていく。

Sさん…係、委員会、給食当番の仕事は、毎回忘れず、皆と協力して行う。けじめをつけた生活をする。

ステムをつくっているわけです。

こうして小学生、中学生、さらには保護者にも「才教学園とは、このような学校である」というメッセージを常に送り続けて、学校理念を共有できるようにしています。

ですから、児童生徒のだれに「才教学園って、どんな学校？」と聞いても、

「世のため人のために尽くす高い志を育てる学校」

「志教育をする学校」

「当たり前のことを当たり前にできる学校」

という答えがすぐさま返ってくるでしょう。

それは毎週の全校朝礼での校長講話にはじまって、ありとあらゆる教育課程で、学校使命と教育目標を子どもたちの心に浸透させているからです。

毎日の授業も行事もすべて、高い志を育てるために行われているのです。

現代の子どもたちに今、いちばん大切な四つの力

日本の学校教育は、その多くが児童生徒の個性尊重を旨としています。

もちろん個人の尊厳は守らなくてはなりませんし、「個性のある人間を育てなくてはいけない」ということは、私も設立趣意書で謳っています。

ですが、個性尊重がなしくずしに拡大解釈されて、自己規制をできない子どもが増えています。何をしても個人の自由、「わがままもその子の個性」などといって、何もかもを大人が許容してきたため、子どもの忍耐する力、我慢する力、自立する力が育たなくなっているのです。

才教学園の学校使命「世のため、人のために尽くす高い志を育てる」は、そんな自己中心的な考えを排して、社会のため、他人のために、場合によっては我が身を顧みず貢献できる人を育てる本校の役割をあらわしています。

そして教育目標は、今の子どもたちに欠如しているもの、逆にいえば必要なものは何かと考え、浮かび上がってきたコンセプトをあげたわけです。

自立心と責任感、コミュニケーション力、自己実現力、感動体験。

これらは子どもの可能性を伸ばし、社会性を身につけさせて、しっかりとした大人に育成するために不可欠なものです。そこで四つの教育目標が子どもの成長にとってなぜ大切なのか、述べたいと思います。

◈自立心と責任感

自立心というのは、昨今の子どもたちに最も欠けているもののひとつではないでしょうか。「子どもは大きくなれば自然と自立するだろう」と考えがちですが、学校も保護者も過保護な環境では、子どもの「自立しよう」という意識は育ちません。

小学校、中学校の年代では、まず「自分のことは自分でできる」ようにさせる必要があります。大人が先回りをして「あれをやりなさい、これをやりなさい」と言うのではなく、身のまわりのことでも学習でも、「自分は今、何をすべきか」を考えさせ、すべきことを自らの意志でするように習慣づけなくてはいけないのです。

そうして自分で決めた「やるべきこと」ができるようになると、自信が生まれてきます。片づけでも宿題でも、どんなささいな課題でもいいのです。「ちゃんとできた！」という積み重ねによって、自分自身を認めることができるわけです。

だれしも自信がなければ自立はできません。一日一日、自分のことを自分できちんとやり遂げていく経験が、自立のための力をつけるのです。

そしてもうひとつ、自立心を育てるときには、自立に伴って生じる責任の重さを実感させるのも大事です。

責任感を持たせるというのは、ただ単に自分の役目をまっとうするという意味ではありません。もっと大きな意味合いで、自分の存在は社会とつながっていて、多くの人に影響を与えていることを心から自覚するということです。

たとえば、教室でだれかが誤って器物にキズをつけたとしましょう。

そのとき当事者ではない子どもが「ぼくは関係ない」「私は知らない」と知らんぷりするのは、責任感がないわけです。

私はいつも、子どもたちや保護者のみなさんに、責任感について話をするときに「自らがわき出る泉、源泉であるという意識を持ちましょう」と語っています。湧き出た水は、四方八方に広がっていきます。必ずまわりと何らかの関わりがあり影響を与えているのです。

子どものうちに、自分が源だという意識を育てることができれば、何か事が起きたときに、みんなが助け合って責任をとれる社会になります。そのためには子どもが日々、「自分はまわりと関わっている」と感じられる状況づくりをしなければいけないのです。

◈コミュニケーション力

コミュニケーション力は、子どもに限らず、若い世代は著しく低下しているようです。これはネット社会の弊害とかいろいろいわれていますが、つまりは他者の意見を聞く力、自分の意見を話す力が低いということだと思います。

コミュニケーション力を高めるいちばんの目的は、他人を信頼し、良好な関係を築いていくことにあります。

他人と気持のよい人間関係をつくるには、自分の考えをしっかりと持ち、相手の言うことをしっかりと聞き、はっきりと自分を主張できるようにならなければなりません。人はそれぞれ、性格が違えば、ものの見方も考えも異なります。人と人がコミュニケーションをとるときには、相手を理解しようとする努力も辛抱も要します。

しかし、現代はインターネットの普及をはじめ、核家族化や地域社会のつながりが薄れていることもあって、さまざまな年代、立場の人々が面と向かって接する場があまりにも少なくなっています。

であれば、教育の場で子どものコミュニケーション力を高めるためのトレーニングをしなければいけない時代にきているのではないかと思われます。

第１章

子どもの可能性を無限大に伸ばす「志教育」とは

コミュニケーション力をつけた子どもたちは、親子の関係、教師と生徒の関係、友だちとの関係を良好なものにし、やがては組織における上下関係など、さまざまな人間関係を風通しよくできる人間となるでしょう。

そういう意味では、コミュニケーション力は、社会を活性化させるための基本的な能力といえます。だからこそ、子どものころから伸ばす手立てを講じるべきなのです。

◈自己実現力

自己実現というのは、自分自身で目標を設定して、その目標を達成していくことです。

ここで重要なのは、「人との比較ではない」と子どもに知らしめることです。

子どもの能力を伸ばすうえで、ときには比較も必要だと思います。しかし、本校が定義する自己実現力とは、あくまでも自分が決めた目標に向かって、自分からそれに取り組み、そのうえで成長度合いをきちんと自己評価できる能力をいいます。

目標達成のプロセスで人と比べてばかりいたら、どこまでいっても満足できません。常に他人と自分を比べると、勝ち負けが目的そのものになります。学習にしても自分で自分の目標を立てさせて、自発的に勉強するよう指導しなくてはなりません。人から与えられた課題を達成する繰り返しではなく、自分が決めた何かを成し遂げた達成感を得られるように導いていったほうがいいのです。

昨日より今日、今日より明日と自分自身の成長を見ていく習慣を身につけると、自己肯定の気持ちが育ちます。苦手なことにもチャレンジする意欲がわいてきます。だれに勝ったではなく、自分が「もっともっと頑張ろう」という向上心につながります。これが自己実現力だと思います。

自分を成長させるのは、ほかでもない自分自身。それは大人になってからでも必要な気持ちです。どんなに老いても生き生きとした日々を過ごせる感覚だと思います。

◈感動体験

自立心と責任感、コミュニケーション力、自己実現力。

この三つは、現代の子どもたちに足りない力として、それらを学校で育まなければいけないと考え、才教学園の教育目標としてあげています。

そして、何よりも子どもに与えなくてはいけないのは感動体験です。感動こそが志を生み、使命感を育む原動力です。

設立趣意書にも書いたように、知識は伝承できますが、経験（感動）は伝承できません。豊かな感受性や情緒的な面は、感動を体験した者しか身につかないのです。

私は大勢の子どもたちを教えてきた経験から、感動が志を芽吹かせると確信しています。学校で知識や受験テクニックを教えることはいくらでもできるでしょう。しかし、それだけでは情緒を欠いた、損得勘定でものごとをとらえる人間になりかねません。

だから設立趣意書の表題を「魂《こころ》の共鳴する教育を」として、「感動」を本校の教育の根幹に据えたいと考えたのです。

魂が打ち震える感動は、人間がだれでも備えている善なる心に触れる喜びです。それは肯定的な考え方を生み、やがて志の開花へとつながっていくでしょう。

人格も学力もすぐれた人材を育成するには、道徳教育と高度な学習指導、そして幅広い総合学習を提供しなくてはなりません。

それに加えて欠かしてはならないのが、感動できる力を育む教育です。

今、この情報社会で子どもたちは、五感に響くようなリアルな感動を味わいにくくなっています。だからこそ学校でも家庭でも、心の底から笑い、泣き、喜びがわき上がる体験をできるだけさせるべきなのです。

子どもたちが大きく育ち、使命感を持って働き、社会に大きく貢献できるよう成長してくれたら素晴らしいことだと思います。本校の教育目標は、それを目指したものです。

子どもの志を芽生えさせ芽吹かせるには何が必要か

さて才教学園の学校使命と教育目標についての概念はわかっていただけたのではないでしょうか。それでは、これらを実現するための「志教育」とはどういう教育かについて説明します。

私たちは「志教育」によって、子どもの可能性を無限大に伸ばしたいと願っています。また現実に子どもたちは、人間力も学力も自ら高めて、期待していたよりずっと大きな成長を見せてくれています。

本校の「志教育」が効果をあげているのは、子どもたちの高い志を育てるために、理念を深く掘り下げて、体系的にカリキュラムをつくってきたからだと思います。

では、どのように体系化したカリキュラムづくりに取り組んでいるかというと、まず志を生み出すには三つの必要な要素があると考えています。

それは**「才」「夢」「役割」**です。

子どもにはみんな、得意なこと、向いていること、熱中できることがあります。つまり生まれながら持っているもの、もしくは自分の中で育んできたものが「才」です。

また、どんな子どもでも、成長過程で「こんな社会だったらいいな」「こういう仕事をしたいな」といった理想が生まれてきます。これが「夢」です。

さらに成長すると、時代や社会が求めるもの、あるいは人との関わりで自分が果たすべきこと、担うべきものを漠然とでも意識するようになります。これが「役割」です。

この「才」「夢」「役割」の三つの要素が融合したときに、高い志が子どもの心に芽生えます。ですから本校では、授業や行事を通じて、子どもに自ら自分の「才」「夢」「役割」に気づかせるプログラムを構築しているのです。

ただし、志がしっかり芽生える環境には、三つの要素だけがあればよいというわけではありません。

畑にたとえれば、地上に芽を伸ばす前には、根を張る土壌が大切です。畑を学校に置きかえれば、土壌は環境です。せっかく芽がまっすぐ伸びようとしても、土壌すなわち環境が豊かなものでなければ枯れてしまうかもしれません。

そこで本校では、学校を「**倫理観**」「**愛**」「**勇気（チャレンジ精神）**」に満ちた環境とすべくつとめています。「倫理観」「愛」「勇気」という三つの養分をたっぷり含んだ土壌だからこそ、すくすく伸びた芽が芽吹くのです。

「倫理観」のある環境とは、人としての正しい行いを学ぶ環境です。

学校は、礼儀にはじまって、約束をきちんと守り、「正しいことは正しい、間違っていることは間違っている」と言える場であるべきです。また、美しい言葉遣いを心がけ、卑怯な行動はしないといった規範も必要でしょう。

そして「愛」のある環境とは、おたがいを大切にするやさしい環境です。

子どもたちがたがいに自分と他人を尊重し、いじめなどは絶対に許さず、安心できる環境といってもいいかもしれません。また「愛」のある環境であるためには、教師と親が信頼し合い、共に本気で子どもと向き合って、子どものすこやかな成長を願い育むことも大事です。

あとは「勇気」のある環境。勇気とはチャレンジ精神を指しています。

志を育てるには、子どもたちが高い目標を持ち、のびのびと挑戦できる環境でなくてはいけません。自らが設定したハードルにチャレンジし、今までの自分を打ち破る経験をしたときに自信を持ちます。

自信が子どもを大きく成長させることは言うまでもありません。さらに自信は自己肯定の気持ちにつながり、自分を大切にしようとする気持ちを生みます。

以上、「倫理観」「愛」「勇気」のある環境は、子どもの成長をスポイルすることなく、限りなく伸ばすことができる環境といえます。

人として守るべき規則があり、あたたかくやさしい人間関係があり、そして失敗を恐れずチャレンジできる。そんな土壌だからこそ、志の芽はゆるぎなく根を張ることができるのです。しかもそれぞれは、中途半端なものではなく強烈であるほど強くたくましい人格が育つのだと思います。

私が、いろいろなところで才教学園は「道場」であると言っているのはこの土壌のことを指しているのです。

学校生活の中で志が育まれる五つのプロセス

志を芽生えさせ芽吹かせるには、どのような要素と土壌が必要かお話ししました。

子どもたちの「才」「夢」「役割」を引き出すとともに、「倫理観」と「愛」と「勇気」ある土壌で育成することで志は大きく強く伸びていきます。

そのうえで、さらに大事なのは、学校生活における実際の体験です。

才教学園では、これを五つのプロセスに分けて子どもたちの成長をうながしています。

それはまず、一番目の「**感動を体験する**」ことからはじまります。

子どものころに、涙を流したあとのすがすがしさや、エネルギーがわいてくる感情は、だれでも経験したことがあるのではないでしょうか。

本校では、夢中になって取り組んだ行事での感動、授業でわかったときの感動など、毎日の感動の積み重ねで、子どもたちの心はどんどん成長していきます。

たとえば体育祭は徹底的に勝負にこだわり、勝った者も負けた者も、全力を尽くした感動を味わいます。さいきょう祭では、涙をこぼすほどの練習をして、本番でやりきったあとはまた、達成感の涙でぐしょぐしょになるほどです。こうした魂の打ち震える体験の数々が、子どもたちの前向きな気持ちにつながるのです。そして感動の中から自分が見えてきます。

それが二番目のステップの「**自分発見**」です。

教師が一人一人の子どもの感動から生まれるわずかな成長にも目配りし、それを引き出すことで、子どもたちは自分の「才」に気づきます。これは小学校二〇名、中学校は二五名の少人数クラス編成だからこそ可能なことだといえるでしょう。

学期ごとの通知表でも、単純に試験の点数で査定はしていません。算数なら算数で、複数の項目に分類して、思考力、分析力、判断力、表現力などを見ています。ですから、かりに試験の点数はさほど高くなくても、コツコツ頑張っているとか、夢中になって取り組んでいる様子も評価されます。あるいは仲間に思いやりある態度を示したりしたときは、教師が見逃さず、学級通信や「才教ダイアリー」というサイトで発表しています。

このようなプロセスによって、子どもたちは「自分は何が得意で、どんなことが好きで、何ができるのか」を発見できるわけです。

そのような自分発見が夢を描くことにつながっていきます。

三番目は「**夢を描く**」機会をつくることです。

才教学園には、毎朝一〇分間の「先達に学ぶ発表会」というカリキュラムがあります。

これは後の章で詳しく述べますが、ことわざ、故事成語、偉人の生き方などを調べて一人が発表します。また「LIVE先達」という時間を設けて、社会や企業で活躍している

図9　「志教育」の5つのプロセス

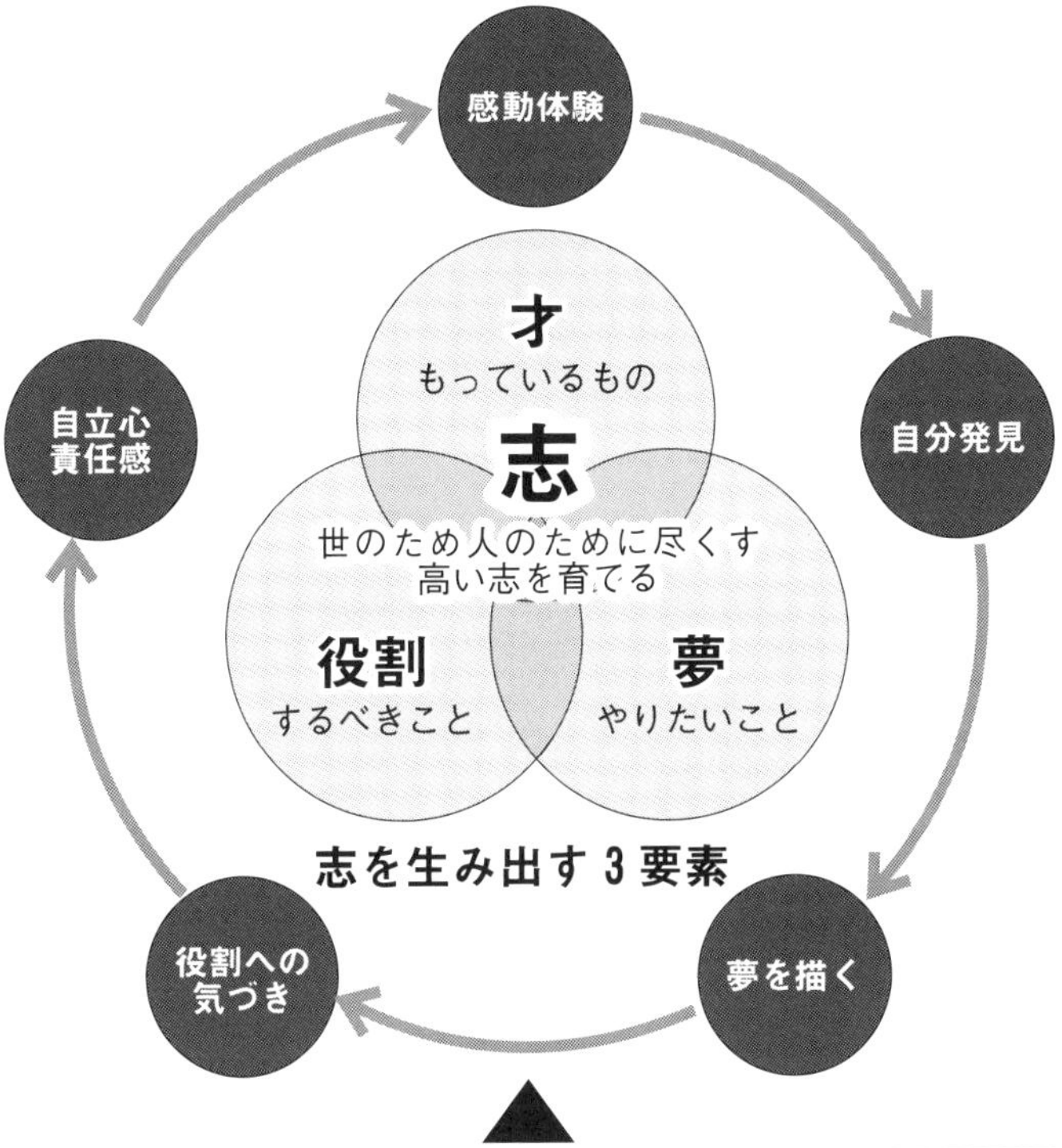

倫理観	愛	勇気（チャレンジ精神）
・人としての正しい行いを学ぶ環境礼儀、約束を守る ・正しいことは正しい間違っていることは間違っていると言える ・美しい言葉遣い	・お互いを大切にする優しい環境 ・子どもたちが自分と他人を尊重 ・教師が本気で子どもに向き合う ・教師が保護者とともに成長を願う	・自分で設定したハードルに挑戦する環境 ・常に高い目標設定自己を打ち破る経験

「志教育」の土壌

方に講師になっていただき、お話をしてもらっています。

また学年によって各種のキャリア教育を行っています。こうやって、さまざまな先達の叡智や努力に触れることによって、夢が膨らみ、人生観や職業観の形成に役立つのです。

それから四番目は「**役割への気づき**」。

夢を実現しようとする中で「やりたいこと」と「するべきこと」を直視することは志を育むうえで大切です。

小中一貫校の才教学園では、小中合同の行事がいくつもあります。今の子どもたちは、横のつながりはあっても、縦のつながりは体験しにくくなっています。また横のつながりでも、気の合う仲間とだけメールで交流していたりします。しかし本校の行事では、同学年、異学年と密接に協力し、支え合わなくてはうまくいきません。

そのほか修学旅行では、グループごとに現地の方々と積極的にコミュニケーションをとる機会をふんだんに取り入れています。もちろん毎日の学習でも、まわりの仲間と連携して、課題に取り組む授業がよく行われています。

さまざまな状況でのコミュニケーションを通じて、子どもたちは自分の役割に気づきます。自分の役割は、じかに人と人の心が触れ合い、ときにはぶつかり合いや戸惑いも経験してこそ認識できるのです。

役割への気づきが、自立心と責任感を育てます。

最後の五番目は、教育目標にもある「**自立心と責任感**」です。

自立心と責任感は、自分で目標を設定してチャレンジし、達成感を味わうことで生まれます。したがって才教学園の子どもたちは、学年や学期の節目、または学習や行事において常に自分の目標を立てます。目標のない学校活動はひとつもない、といっていいくらいです。目標は当然ながら、立てっぱなしではありません。自ら設定した目標に対して、どれだけできたか、なぜ目標に届かなかったのか自分で考えさせます。目標到達による自信と、反省や分析を繰り返すことで、自立心と責任感は強く育まれるのです。

以上、五つのプロセスを繰り返し体験していくと、子どもたちの志はおのずと高まります。

このように私たち才教学園の教育課程では、学校使命と教育目標がつながり合って、授業や行事に落とし込まれているわけです。

学校教育においては、児童生徒に理念をわかりやすいキーワードで繰り返し伝え、実体験させることが大切です。綿密にプロセスを組み立て、志が芽吹く土壌を整え、体験を積み重ねることで、子どもはのびやかに成長していくのです。

志教育メッセージ（平成一七年度卒業生Mさん）

面白くてわかりやすい授業

私は「才教学園ではより充実した楽しい授業が受けられるのではないか」という期待をもって入学しました。結果、前の学校より何十倍も面白くてわかりやすい授業があって、私はすごくうれしかったです。入学したときから一年間でずいぶん成績が上がりました。先生方にとても感謝しています。どんなときでも、どっさり宿題が出されました。きっとその頑張りが今につながっているのだと思います。

私は高校に入ることがゴールだとは決して思いません。むしろそこからがスタートだと思っています。才教学園を卒業したことを誇りに、高校でいいスタートを切り、才教学園にいたときのように突っ走っていきます。私を支えてくれた先生方や友だち、家族に本当に感謝します。ありがとうございました。

志教育メッセージ（平成一九年度卒業生N君）

毎日の挨拶の大切さを実感

才教学園には転入学だったこともあり、入学するまではとても不安でした。しかし実際に入学してみると、みんな友好的でよく話しかけてくれたので、短期間に仲の良い友だちができました。入学当初の学力の向上という目標も、毎日の充実した授業の中で達成することができました。

さらに才教学園での年月は、私を人間としても大きく成長させてくれました。まず毎日の挨拶です。入学してから挨拶されることの気持ちよさ、大切さを実感し、自ら進んで声を出すことが自然にできるようになりました。また先生方の親切な対応と、熱心なご指導のおかげで自分の課題もわかり、さらにこれからの生き方においての高い目標も見いだすことができました。日常生活も行事もとても密度が濃く、充実していたと思います。

支えてくださった先生方、友だち、家族にあらためて感謝したいです。ありがとうございました。

志教育メッセージ（平成一九年度卒業生Ｋ君）

密度が濃く、楽しかった時間

私は中学二年になるときに才教学園に入学しました。

才教学園ではいろいろなことがありました。勝ったチームはみんなで喜び、負けた組はチーム全体で涙を流して悔しがった体育祭、学年関係なく全力で戦った球技大会。そして、おたがいにぶつかり合いながらも、最後は団結した演技で観客を魅了したさいきょう祭。すべてが私にとって最高の思い出です。

そして、その思い出を作ることができたのは、いつも笑顔で私を支えてくれた仲間のおかげです。それは同じ学年クラスの人だけではなく、先輩や先生方、ときには後輩もそうです。「ありがとう」だけでは、とても伝えきれないくらいの感謝でいっぱいです。

この二年間は、私の一五年間の人生の中で最も密度の濃い時間となりました。楽しかったです。本当にありがとうございました。

志教育メッセージ（平成一九年度卒業生Ｓさん）

才教で学んだ「志高く」

大学は法学部を受験します。一生力を注げる自分の職業を考えたとき、人を救う力となり、人の役に立てる喜びと共に働ける弁護士を志すと決めています。

在学中は、先生方のサポートや、みんなが頑張っていこうという意識の高さを日々感じていました。

とくに校長先生によく声をかけてもらい、お話ししたことは、今もなお私の中で強く心に刻まれています。人が人や社会に貢献する大切さや、目標を高く持つこと、「高い志」には自らチャレンジすることなど。数えきれませんが、いつでもお話を聞くと、私にとってはその瞬間からわくわくすることばかりでした。ときには旧校舎の雨漏りにも「めったにない経験を楽しもう！」という校長先生の言葉に、バケツの音を聞きながらみんなで笑ったなんてことも・・・。

このように才教学園で過ごした時間と経験が、今も私を前向きな行動へとかきたててくれています。他にも体育祭の女子の種目で、勝利を逃し涙していたとき、全勝の男子に「頑張ったんだろ」と励まされ、またみんなで泣いたことなど。

私は、小学生も中学生も全員がとても仲が良く、また生徒と先生も心が通い合う才教学園が大好きで、卒業しても駅で才教の制服姿を見かけると「可愛いな」と見つめています。

志教育メッセージ（平成二〇年度卒業生Ｔ君）

身につけた「生きていく力」

私は才教学園が設立された年に小学六年生で入学し、この学校で四年間を過ごしました。この四年間で、まず自分を成長させてくれたのは、体育祭・さいきょう祭・プレゼンテーション・コンテスト・修学旅行などの行事でした。これらの多くは他の学校では経験し得ないもので、才教独自の考え方、やり方があります。

今、振り返ってみると、その中には「緊張・葛藤・人間関係」という、人生で最も頭を悩ますと思われることが含まれているように感じます。大勢の前で歌ったり、プレゼンテーションしたりする「緊張」、不慣れな行事の準備の際に必ず起こる「葛藤」、そしてさまざまな人の中で協力していく「人間関係」の難しさ、悩み。これらを乗り越えていくのは、ときとして非常につらいこともありますが、確実に「生きていく力」を身につけさせてくれ、そして最後には必ず素晴らしい感動が待っていました。

勉強面では、先生方のきめ細かくかつ発展的な指導で、入学前に比べ格段と学力をつけることができました。またハイペース授業にも慣れていたので、高校に入ってそれほど面喰わずにすんでいます。この学校で得たもの、思い出は、とても語り尽くすことはできません。先生方、友人・先輩、家族にあらためて感謝したいと思います。ありがとうございました。

第2章

真の学力を身につける「学習スパイラル」

人間力と学力の育成で子どもを限りなく伸ばす

私は学校を新設するときから、人間力と学力は両輪だと考えてきました。設立趣意書「魂《こころ》の共鳴する教育を」にも書いたように、才教学園は「人を育てる」ことに真剣に取り組む学校として誕生しています。人を育てるということは、人間として生きる力も、知力もどちらも磨くということです。

ですから趣意書では、明確な教育目標と教育方針をあげて、人間力と学力の両面から「新しい時代を切り拓く人材」を育てると宣言したわけです。

では、どうして人間力と学力は両輪でなくてはいけないのでしょうか。

学力だけを伸ばそうとすると、子どもは何のために勉強するのかわかりません。レベルの高い高校に入るのが目的だったら、高校に入ったらそれでお終いです。難関大学に受かるのが最大目標だったら、大学に受かればそこがゴールです。そんなちっぽけな目標にとらわれていたら、将来を見据えた力がつかないのです。

身につけた学力をどう役立てるか。しっかり目的意識をもって勉強をすれば「もっともっと学びたい」という意欲が心の底からどんどんわいてきます。

自分は将来、どんなふうに世の中の役に立つ人間になりたいのか。そういう高い志があるのとないのとでは、子どもたちの伸びは全然違うのです。

私は一教育者として、子どもは子どもなりに志や使命といったものを意識したときに、めざましく成長するはずだと信じてきました。

才教学園を創設したのちは、校長として「世のため、人のために尽くす高い志を持った人になるために、しっかり勉強をしなさい」と説き続けています。教師たちも、それこそ毎日のように「テストでいい点をとることが最終目標ではない。自分の志を高め、その志を実現するため、学業に励もう」と言っています。

私たちの「志教育」は、日ごと子どもの心に染み通っていったのでしょう。

小学生も中学生も初年度から、全国模試の成績、英検、漢検、数検の合格者数など、目に見えるかたちで学力は向上しています。また高校進学実績でも、ほとんどの生徒が志望した進学校に合格しているのです。

当初、才教学園は「学力重視の学校」というイメージもあったようです。

けれども本校は、偏差値に固執して勉強ばかりさせている学校ではないのです。むしろ学校が人として育てることに尽力した結果、自ら高い学力がついてきたのです。人間力と学力がともに高まりあう好循環が回っているといったほうが正しいかもしれません。

「優秀な子ども」よりも才教で「学びたい子ども」

本校を視察し、授業を見学された方たちのなかには、「どうやって優秀な子を選別して入れているのですか?」とたずねる方もよくいます。

これまた本校は、優秀な子だけを集めているわけではありません。

いちばん大事なのは、本人と親御さんの「才教学園に入りたい」という気持ちです。そういう意味では、入試以前の学校説明会から「才教学園に入りたい」気持ちをはかっているのです。

学校説明会では、「才教学園はこういう学校です」と徹底して理念をお話ししています。まずそこで本人と親御さんが、理念に共感して「この学校で学びたい」と感じられるかどうかが最初の分岐点になるわけです。

次に大きなハードルとして入学選抜試験があります。

図 10-1　平成21年度全国学力学習状況調査　　小学6年

	全国平均	才教学園
国語A	70.1	83.1
国語B	50.7	63.3
数学A	78.8	94.4
数学B	55.0	74.1

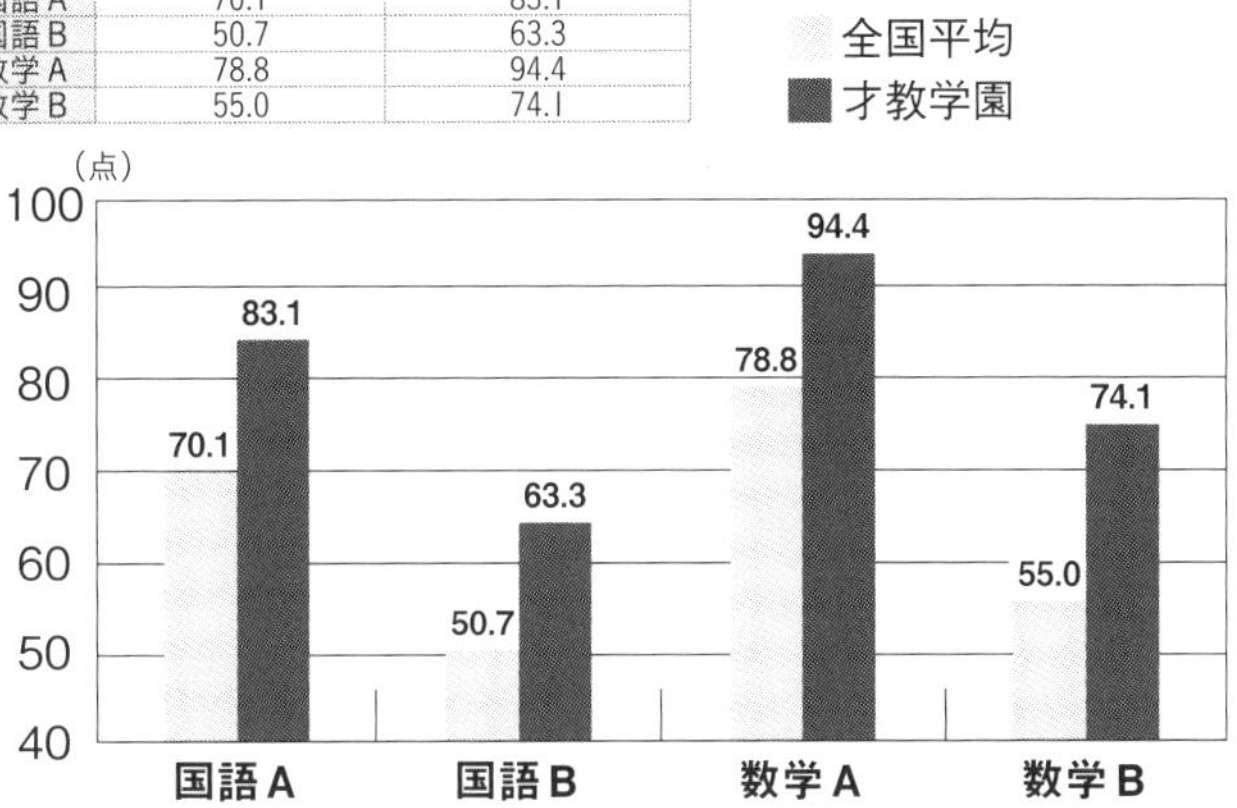

図 10-2　平成22年度全国学力学習状況調査　　中学3年

	全国平均	才教学園
国語A	76.1	92.9
国語B	66.5	89.6
数学A	66.1	95.4
数学B	45.2	79.6

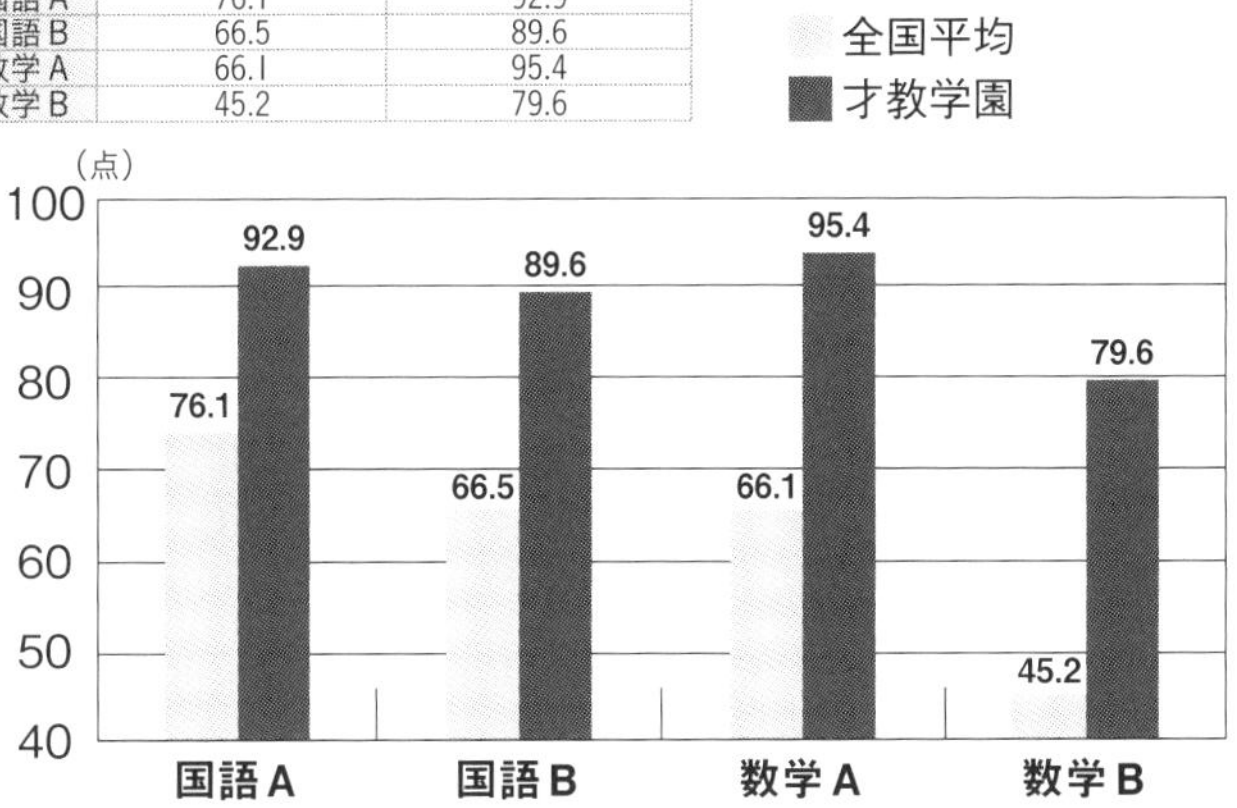

入試は、小学校入試は「わんぱくテスト」と呼ぶ、筆記（国語、算数、知能）と実技（図工、体育、日常生活）のテスト。中学校入試は、国語、算数、理科、社会の試験を行います。小学校、中学校の二年以上の転入試験では、それぞれ学年によって理科、社会、英語などの試験も課しています。

試験の内容は、小学校入試の筆記は、ひらがなの読み書きや一桁の足し算が中心です。簡単な文章問題も出題されます。実技は、絵を描いたり、簡単な運動をして、日常生活で自分のことが自分でできているかを見ます。実技テストでは、コミュニケーション力、集中力、持続力、自主性があるかどうかもしっかり観察しています。

中学校入試は、小学校で学習する内容をだいたい八割以上、理解できているかを審査します。独特の試験をするのではないかと思われるようですが、基礎的、標準的な問題がほとんどで、応用問題も若干出題されますが、難解なひねった問題は出しません。

そして最大のハードルとなるのは、本人の面接と保護者面接です。

志願者面接は、新小学一年受験生を除いて全志願者に行います。保護者面接は、志願者のすべての保護者に実施しています。

それも「できるだけ、ご両親でいらしてください」と通知しています。お父さんだけ、

図11　平成22年度各種検定合格者数

小学校

＜英検＞

2級	2
準2級	1
3級	3
4級	7
5級	12

＜児童英検＞

GOLD	11
SILVER	14
BRONZE	26

＜漢検＞

2級	1
3級	2
5級	10
6級	15
7級	22
8級	29
9級	37
10級	42

＜数検＞

3級	2
5級	2
6級	2
7級	3

＜児童数検＞

1級	1
2級	6
3級	20
4級	21
5級	35
6級	17

中学校

＜英検＞

2級	1
準2級	16
3級	26
4級	21
5級	7

＜漢検＞

2級	8
準2級	10
3級	19
4級	9
5級	10

＜数検＞

準2級	3
3級	7
4級	7
5級	10

お母さんだけの家庭は、もちろん一人でかまわないのですが、つまりは家庭の教育環境を確認させてもらいたいのです。

志願者面接では、「才教学園で学びたい」という意欲がどれだけあるか質問しています。「どうして才教学園に入りたいのか？　どんな学校生活を送りたいのか？　将来どう生きていきたいのか？」というところまで問いかけます。

保護者面接では、親御さんの考え方や子育て観までもお聞きしますし、本校の理念を理解していただいているかも確かめます。本校が実践する「志教育」を推し進めていくためには、学校と保護者が価値観を共有することが必要不可欠だからです。

こうして志願者の試験と面接、そして保護者の面接を総合的に判断したうえで判定をしているわけです。

ですから才教学園では、筆記試験のみで合否を決めることはありえません。

たとえば保護者面接で親御さんが「人間教育はほどほどでいいので、勉強させていい高校に入れてください」という要望をされたとしたら、これはもうはっきりお断りします。かりに本人の試験の成績が抜群であっても、です。

あるいは志願者面接で、本人に思いやりのなさや、自発性のなさ、礼儀に欠けるふるま

図 12　最近３年間　高校進学実績

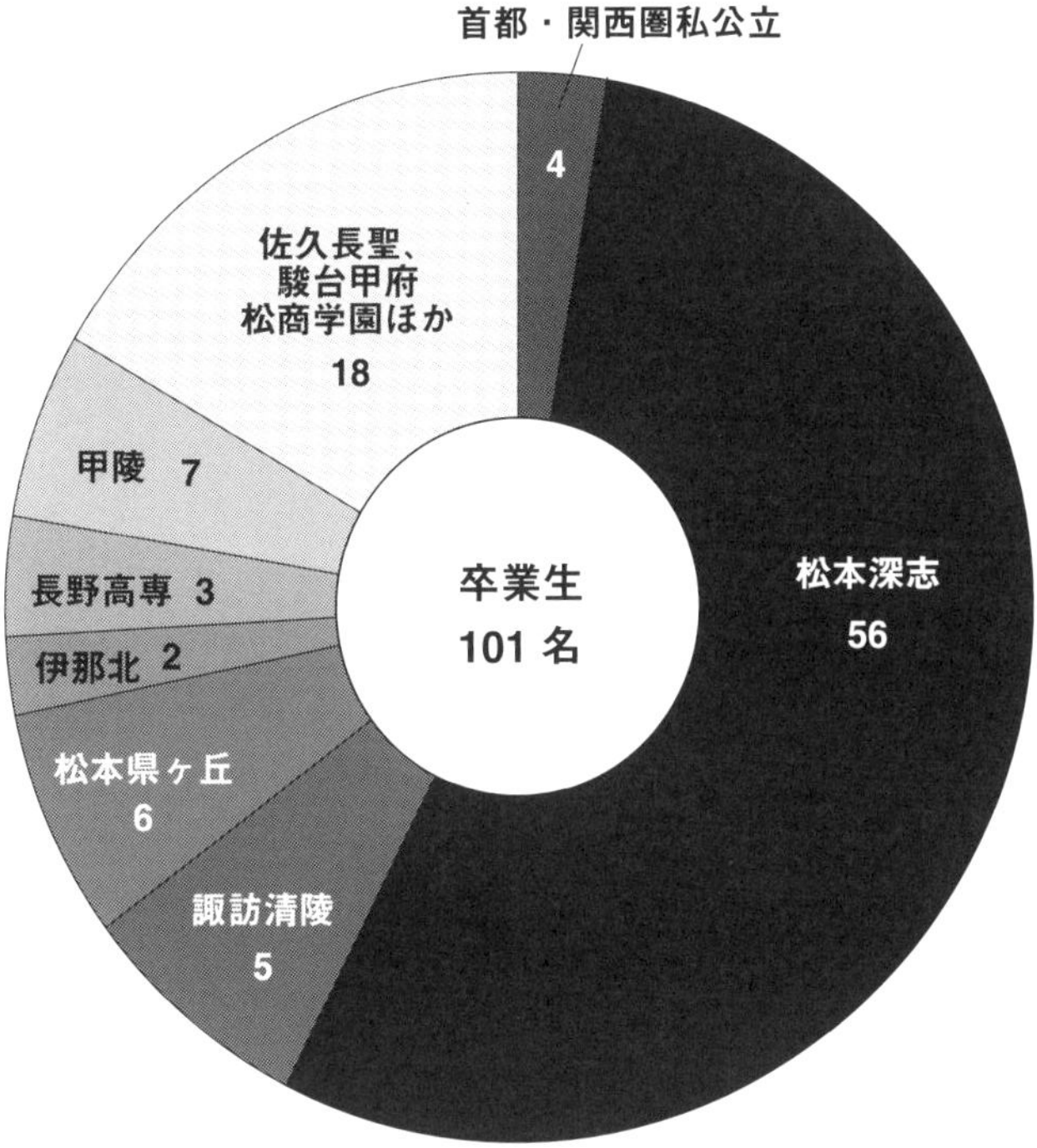

首都・関西圏私公立	4	長野高専	3
松本深志	56	甲陵	7
諏訪清陵	5	佐久長聖 駿台甲府 松商学園ほか	18
松本県ヶ丘	6		
伊那北	2	合計	101

※ 首都・関西圏私公立：慶応志木、創価、都立青山、立命館宇治

いが垣間見えたなら不合格になることもありえます。

学校説明会で本校の理念は説明していますので、そんな志願者も保護者も実際にはいませんが、とにかく重要なのは「才教学園で学びたい、学ばせたい」という気持ちです。その子どもが優秀かどうかだけで、合格か否かを決めているわけではないのです。

本校は、過半数の生徒が県内トップレベルの県立松本深志高校や他の有名進学校に進学しています。そのため、親御さんは「わが子を学区のトップ校に入れたい」と願い、それが受験をさせる動機となっているかも知れません。

しかし、学校説明会でよくよく話を聞いてみると、「成績アップだけを目指す学校じゃない」とわかります。説明会では、私はいつも、

「成績を上げるとか、トップ校に入るとか、そんなのは当たり前です。才教学園は目先の目標ではなく、高い志を持って、世の中に貢献する人間を育てる学校なのです」

と言っています。そうすると、ほとんどの親御さんは「ああ、そうなのか」と納得されて、よりいっそう「この学校で学ばせたい」と思い、才教の理念に共感する家庭の子が出願してくるわけです。

家庭環境はとても大切で、親が「いい高校に入って、いい大学に入って、いい会社に入

るのが幸せ」などという考えであれば、子どもの高い志は絶対に育ちません。

才教学園の子どもは、学校でも家庭でも「何のために勉強をするのか」をいつも意識する環境にいます。そういう子どもは、学力が伸びないわけはないのです。

意欲を引き出して自分からチャレンジさせる

子どもの学力を伸ばすには、何といっても意欲を引き出すことが大切です。

やる気のない子に、いくら「勉強しろ、勉強しろ」と言っても力はつきません。子どもが自ら積極的に、自発的に「学ぼう」という気にならないとだめなのです。

才教学園の子どもたちは、「才教を受けよう」と決めたところから、すでに意欲は生まれています。

前述したように、学校説明会で「本校は高い志を育てる学校です」と伝えています。子どもたちは、そのことを理解したうえで受験しています。

また合格したらしたで、合格者は入学前オリエンテーションの際に、学校で学ぶべきこと、身につけるべきことを叩き込まれます。こうして入学してくるため、勉強がなぜ大事なのか、ある程度はわかった状態で新学期をスタートするわけです。

では、意欲をもっていよいよ授業が始まったら、どのようにして毎日の学習で子どもたちのモチベーションを高め持続させるか。

それにはチャレンジ精神を育てることです。先生や親に言われたから嫌々やるのではなく、自分で目標を決めさせ、目標に向かってトライさせるのです。これは子どもの学習意欲をかきたてるための必須条件といえるでしょう。

才教学園では、子どもたちのチャレンジ精神の高揚をはかるために、学習指導において学年ごとに次のような目標を定めています（平成二二年度）。

小一・**自分の持っている力をちゅうちょせず、のびのびと発揮させ、自分の良いところを伸ばしていけるようにする。**

小二・**決められた課題に向かって、最後までやり抜くことができるようにする。**

小三・**難しい問題にも、意欲的に粘り強く取り組もうとする子を育てる。**

小四・**自分の目標をやり遂げる努力をし、その振り返りから、自分の課題を意識して次の活動につなげることができるようにさせる。**

小五・**自分から学ぶ姿勢を定着させ、意欲的に取り組む態度を育てる。**
小六・**中学校の学習を意識し、授業内容をまとめる、考える、振り返るなど、必要な力を身につけさせる。**
中一・**自分に合った学習方法を身につけ、目標を立てて、積極的に学習に取り組む生徒を育てる。**
中二・**自分の目標を設定し、その実現のために創意工夫して学習に取り組む生徒を育てる。**
中三・**自分の目標を明確に持ち、実現のために、自主的、積極的に学習の向上に取り組み、結果を残せる生徒を育てる。**

学習意欲を引き出すには、発達段階に応じて導いていかなければなりません。たとえば小学校一年生にいきなり「自ら課題を見つけなさい」というのは無理です。したがって「自分の目標」を立てさせるのは四年生からになります。
また高校への進学を視野に入れた中学生は、自分で目標の設定をするのはもはや当たり前です。中学生にもなったら、将来を真剣に見据えつつ、明確な目標を見つけて、実現のための方法を自ら考えさせるようにしているのです。

これらの学年目標を見ると、本校では一貫して「自分から学ぶ」意識づけをしていることがよくわかるかと思います。

「自分から学ぶ」のは、すべての教科に対してです。わかりやすくいうなら、「ぼくは大きくなったら、お父さんと同じ医者になるから、国語はそんなに一生懸命勉強しなくてもいいんだ」というのは才教の理念に反しています。

創作的なことが不得手な子どももいれば、理論的な課題が苦手な子どももいます。でも、不得意な面から目をそむけずに、「ベストを尽くそう」というのが本校の教えです。

意欲を引き出し、常に上を見て、チャレンジさせる。

この積み重ねが、勉強の大好きな子どもを育て、学力を大きく伸ばすのです。

「わかる楽しさ」を知れば勉強がもっと好きになる

才教学園の子どもたちはみな、「勉強が面白い」と言います。

子どもたちが学ぶこと、知ることの楽しさを実感しているという点では、本校は日本でもトップクラスではないかと私は自負しています。

子どもたちが勉強好きになるのは、まず少人数クラス編成の環境があげられます。小学校から中学校まで、各学年とも一クラス二〇人前後。少人数であるため授業中も発言の回数が多く、自己表現する場がたくさんあります。

国語、算数、理科、社会、実習授業でも、みんなが主役です。ただじっと先生の話を聞くだけの、受け身の授業はひとつもありません。少人数だからこそ個々が主体となって、全員参加の授業が可能になるわけです。

また少人数クラスであれば、当然、きめ細かな目配りがきくメリットもあります。教師は、個々の理解度を把握して、全員に基礎学力をしっかりつけさせることができます。しかも指導と習得がどちらも効率的にでき、無理なく進めていても、ハイペースに授業を行うことができるのです。

二〇人程度のクラスは、先生や友だちとの関係もとても親密になります。わからないことは仲間同士で教え合ったりできますし、苦手な科目は克服させるように担任教師がきめ細かく指導できます。それも教師がそれぞれの子どもの能力や性格も見極めて、自ら努力するよう仕向けています。

一クラスに四〇人もいると、教師はついつい理解の遅い子どもに目がいって、授業が滞りがちなものです。しかし二〇人くらいなら、一人一人自分の課題にチャレンジさせ、むしろ高いレベルに合わせた授業を行っています。すると、全体のレベルアップがはかれます。勉強についていけない子どもに合わせて、できる子どもが退屈するような事態も起こりえないのです。

それと多くの授業時間数があることも、学ぶ楽しさを体験できる要因になっているといえるでしょう。

才教学園は、小学校三年生以上は土曜日も登校日としています。土曜日登校によって、授業時間数は新学習指導要領よりも多くなります。小学校も中学校も、国語、算数・数学、理科、社会、英語は、標準を上回る時数を確保しているのです。

授業時間数が多いと、時間の余裕があるなかで反復練習ができます。反復練習で基礎学力をつけたうえでカリキュラムを進めていくと、おのずと習得が早くなります。そして習得が早くなれば、高度なレベルにいってもテンポよく授業を行うことができ、集中力の途切れない学習ができるわけです。

この**多くの授業時間数**と、**少人数クラス編成**により、授業は極めて密度の濃いものにな

図13　教育課程（授業時数）

小学校

H23	1年		2年		3年		4年		5年		6年		計	
	標準	才教	標準	才教	標準	才教	標準	才教	標準	才教	標準	才教	標準	才教
国語	306	326	315	336	245	294	245	292	175	220	175	210	1461	1678
社会					70	86	90	105	100	120	105	125	365	436
算数	136	158	175	206	175	205	175	209	175	205	175	205	1011	1188
理科					90	106	105	120	105	126	105	126	405	478
生活	102	102	105	105									207	207
音楽	68	68	70	70	60	60	60	60	50	50	50	50	358	358
図工	68	68	70	70	60	60	60	60	50	50	50	50	358	358
家庭									60	60	55	55	115	115
体育	102	102	105	105	105	105	105	105	90	90	90	90	597	597
道徳	34	34	35	35	35	35	35	35	35	35	35	35	209	209
特活	34	34	35	35	35	35	35	35	35	35	35	35	209	209
総合					70	52	70	56	70	86	70	96	280	290
外国語		94		94		94		94	35	94	35	94	70	564
合計	850	986	910	1056	945	1132	980	1171	980	1171	980	1171	5576	6656

中学校

H23	1年		2年		3年		計	
	標準	才教	標準	才教	標準	才教	標準	才教
国語	140	178	105	168	105	163	350	509
社会	105	143	105	140	85	140	295	423
数学	140	178	105	168	140	163	385	509
理科	105	143	140	178	140	163	385	484
美術	45	45	35	35	35	35	115	115
音楽	45	45	35	35	35	35	115	115
技・家	70	70	70	70	35	35	175	175
外国語	105	143	105	140	105	140	315	423
保・体	90	90	90	90	90	90	270	270
道徳	35	35	35	35	35	35	105	105
特活	35	35	35	35	35	35	105	105
選択	0～15	35	15～50	16	10～70	42	25～135	180
総合	50～65	76	70～105	107	70～130	130	190～300	130
合計	980	1216	980	1217	980	1206	2940	3639

ります。

授業中はぴんとした緊張感を保ちつつも、物おじせず発言する子が多いので、よく笑い声も聞こえてきます。みんなが常に参加意識を持っていて、ぼんやりとつまらなそうにしている子どもは一人もいないのです。

ただ知識を詰め込む授業では、勉強の面白さを伝えることはできません。

わかる楽しさを知ったとき、子どもは力がついて、学ぶことが好きになります。それには「勉強させる」のではなく、「勉強する」子どもを育てなくてはならないのです。

たくさんの授業時間と、全員が主役になる少人数クラスは、子どもたちの「もっともっと勉強したい」という向上心を日々生み出しています。

発展的に実力をつけていく「学習スパイラル」

才教学園は、私立学校ならではの独自のカリキュラムを組んでいます。

そのカリキュラムづくりの基盤になるのが、私たちが「学習スパイラル」と呼ぶ「三つのＰｏｗｅｒ（パワー）」です。

Ｐｏｗｅｒ１　**基礎学力（知識）**
Ｐｏｗｅｒ２　**思考力・分析力・判断力**
Ｐｏｗｅｒ３　**表現力**

まず標準的な学習内容は、反復練習をして基礎学力すなわち知識をつけなくてはなりません。知識をつけたら、次に実験や体験によって知識の肉付けをしながら、それを頭と心に定着させるために時間をかけて取り組みます。

基礎学力を身につけるＰｏｗｅｒ１では、通常の教科書の内容のほか、たとえば反復練習としての百マス計算などを実施しています。また基礎的な国語力アップのための暗唱や漢字練習、基礎的な理化学実験も積極的にやっています。

Ｐｏｗｅｒ１で身につけた基礎学力をベースとして、思考力・分析力・判断力を磨くのがＰｏｗｅｒ２です。基礎から応用へのステップアップといえるでしょう。

この段階では、Ｐｏｗｅｒ１よりも発展的な理化学実験をします。短歌や俳句の創作や、数才特別クラスなどを設けて、ハイレベルな授業も行っています。

図 14　学習スパイラル

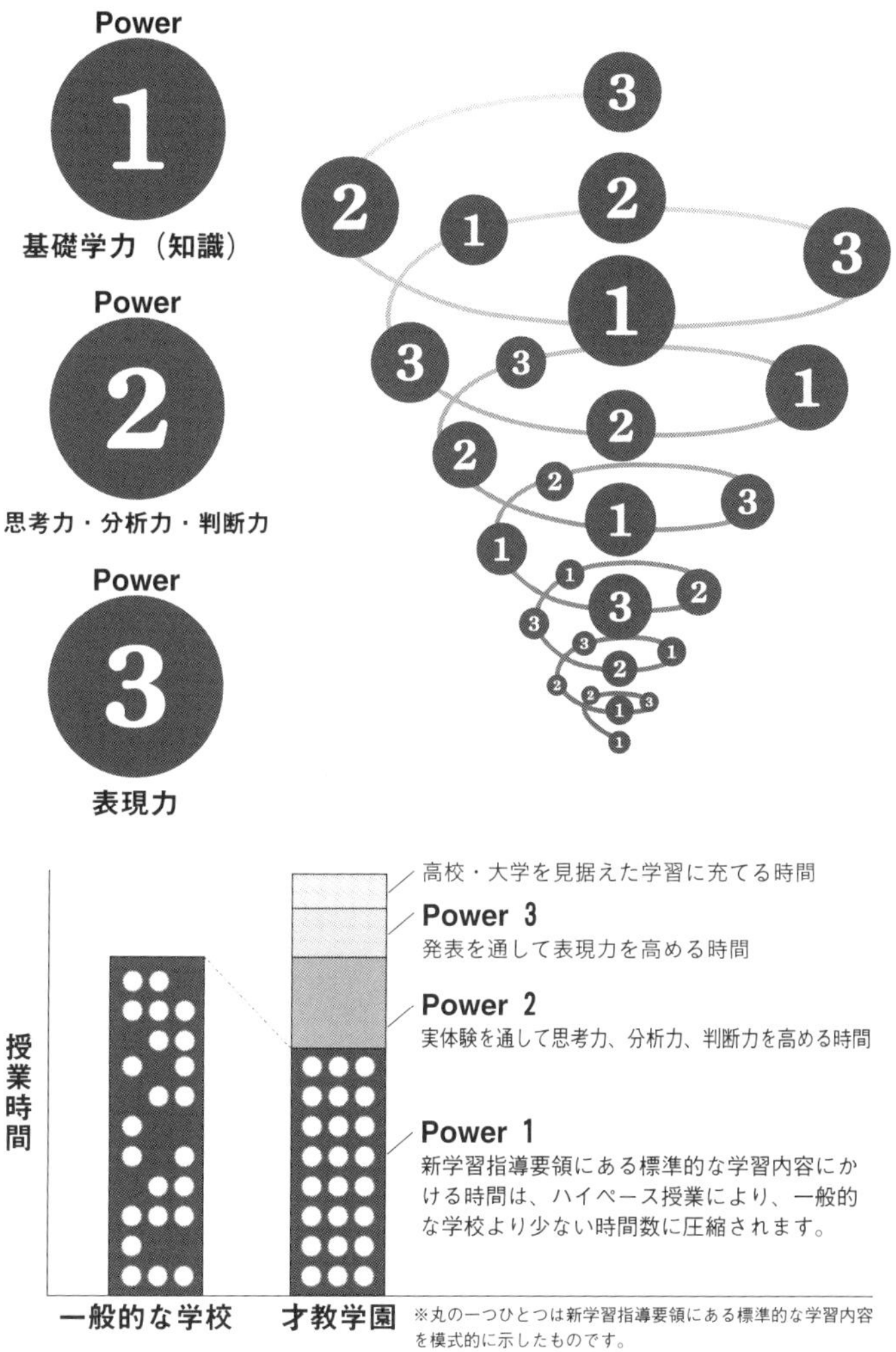

※丸の一つひとつは新学習指導要領にある標準的な学習内容を模式的に示したものです。

基礎力、応用力がついたら、もうひとつ表現力も大事です。発表や実演の場をたくさんつくり、客観的な事実や事象をふまえて、自分の意見を他の人にわかりやすく伝えられる表現力を養います。これがPower3です。

具体的には、日課である「先達に学ぶ発表会」や、年間行事の「プレゼンテーション・コンテスト」がトレーニングの機会となります。ふだんの授業や宿題で、構成を錬りながらレポートを書くのも、表現力をつける練習になっています。

学校を設立する前から、私たちは、これら三つのPowerからなる学習スパイラルをカリキュラムの中心コンセプトにしようと決めていました。

基礎学力、思考力・分析力・判断力、表現力。三つのPowerがぐるぐると、らせんを描きながらレベルの高い学習へと発展する学習スパイラル。このプロセスによって、児童生徒の一人一人が伸びていくと考えたのです。

才教学園の子どもたちは、多くの授業時間数、そして少人数クラス編成の環境で、学習スパイラルを繰り返しています。これを小学校の一年生、もしくは中学校の一年生から積み上げていけば、どの子どもも自然と学力は上がります。

また、学力が向上すればハイペースな授業が可能になり、標準的な教科書レベルの学習内容は、容易に一年分を半年で終えてしまうほどです。

そうすると余った時間は、Power1の基礎学力の強化、Power2の実体験を通した思考力・分析力・判断力の養成、Power3の表現力の育成にあてることができます。結果的に学習スパイラルもハイペースでまわって、ますます子どもたちは力がついていくのです。

専科教師の授業でハイレベルな学習に

あれは、たしか創立して三年目のときだったでしょうか。

ある日、他校からきた教師たちが、廊下の片隅でヒソヒソ話をしていました。

私は、どうしたのかと思い、「何かあったの?」と声をかけると、

「いや、大変なんですよ」

一人の教師が言うわけです。

何が大変かというと、以前の学校では、授業の準備として「今日はここを教えよう」というポイントをひとつだけ用意して授業に行けばよかった。ところが、才教ではそれだけ

では五分で終わってしまう。だから「準備がものすごく大変だ」と言うのです。

設立前、私たちはカリキュラムをつくるときに、学習スパイラルをもとにして時間割を組み立てていきました。そのときに採用した教師たちは、「そんなに高いレベルを想定したら、子どもたちがついていけない」と危惧する人もいました。

ですが、開校してふたを開けてみたら、小学生も中学生も、子どもたちはすぐにクリアしてしまいました。子どもたちの吸収力や向上心は、われわれが想像していた以上に高かったのです。

だから、創立から一年、二年、三年くらいは、私も含め、教師が意識を改革していくプロセスでもあったと思います。

宿題にしても「ちょっと多いかな」と思われる量でも、子どもたちは平気でこなすわけです。少人数クラスとはいえ、普通の二倍も三倍もの速さで問題を解いていくので、それだけの分を教師は○×をつけたり、ノートを点検することになります。さらに授業中は、子どもたちは疑問に思ったことは、その場でどんどん質問してきます。

設立して六年が過ぎた今は、教師自身がそれぞれに設定した目標のもと、子どもたちの高い志を育んでいます。

授業内容でいうと、小学校三年生以上になると、国語、算数、理科、社会は専科またはその教科が得意な教師が教えています。これによって、専門的で高度な内容の授業が実現します。子どもたちは自分の得意な教科や、好きな教科に限らず、いろいろな教科で知的好奇心を高められるのです。

教師にとっても、専門の科目を教えるほうがやりがいはあるはずです。通常の小学校では不得意な科目でも、担任が授業をやらなくてはいけません。教師が自分の得意な授業を担当して、この学問の面白さをもっと知ってほしいと思えば、子どもにもその熱意は必ずや伝わるでしょう。

そして教科書レベルの内容を終え、さらに深いレベルに進むためには、副教材を用います。ワークブックや計算ドリル、漢字ドリル、理科実験セット、問題集などを数多く用意し、教師がより踏み込んだ授業をしているのです。

本校では、教師もまた研鑽を積みながら成長し続けています。このような教師と児童生徒の信頼関係が、学力向上に寄与しているのはいうまでもありません。

毎日が力になる！　三つの特徴的なカリキュラム

私たちが創立以来、目指しているのは真の学力を身につけさせることです。テストでいい点をとるためのテクニックではなく、たしかな基礎学力をつけたうえで、思考力・分析力・判断力、表現力を養っています。それによって総合的に高度な学力に到達させるのが、私たちの大きな目標なのです。

本校では、日課として行うオリジナルのカリキュラムを組んでいます。

小学生も中学生も、自ら学び続ける習慣が、真の学力を得るための土台づくりとなります。そのための毎日の取り組みが、次の三つのトレーニングです。

◈さいきょうトレーニング

才教学園では朝登校したら、八時四〇分から一〇分間の「朝読書」をします。続いて朝の会を行い、その後、小学生も中学生も毎日欠かさず行うのが、一五分間（中学生は一〇分間）の「さいきょうトレーニング」です。

これは基礎学力養成のための時間です。ここでは日替わりで百マス計算や計算パズル、美文の暗唱、漢字の書き取り、理科の問題、英単語などの小テストをします。短時間で集中し、さまざまな教科の基礎を反復して身につけていくわけです。

学力を維持するには、基礎的な練習を習慣的にこなすことが必要です。トップクラスのプロ野球選手だって、毎日の素振りは欠かしません。それと同じで、成績にかかわらず、全員が頭と体に覚え込ませるためのトレーニングをするのです。

たとえば百マス計算が苦手な子どもなら、「正解率をこれだけ上げよう」という目標をもってのぞみます。得意な子どもであれば、「もっと速くできるようになろう」という向上心をもってチャレンジします。このような反復練習の積み重ねによって、吸収した基礎知識が消化され、血となり肉となっていくのです。

◈先達に学ぶ発表会

さいきょうトレーニングを終えたら、次に行うのが「先達に学ぶ発表会」です。

これも小学生、中学生ともに、毎朝一〇分間の日課となっています。

この時間は、ことわざや故事成語、四字熟語、偉人の生き方や発明などについて、一人が調べて発表します。

先達に学ぶ発表会をカリキュラムに取り入れたのは、日本の伝統文化や歴史といったものを、学校で子どもにもっと伝えたいという思いからです。

長年、わが国が培ってきた知恵や言葉が頭の中に入っていると、思考も表現も豊かなものになり、本当の教養が身につきます。そのためには教師が教えるより、自分で調べて発表するスタイルにしたほうがいいと思ったのです。

また、もうひとつのメリットとしては、先人の志や人生に触れることによって、自分が進む道を探るきっかけにもなりえるでしょう。それに加えて、みんなの前で発表することでプレゼンテーションの練習になり、自己表現力を高めることにもつながるわけです。

一クラスは二〇人前後ですから、三週間に一回くらいのペースですぐに順番がまわってきます。そのためふだんから歴史上の人物や出来事など、いろいろなことに興味を持って調べるクセがついてくるのです。

小学校の低学年のうちは、教師が発表するテーマをアドバイスしますが、高学年や中学生になれば、自分でさまざまな題材を見つけてきます。

そして調べたことをわかりやすく伝えるために、クイズ形式にしたり、イラストを使ったり、質問を受けたりして、工夫して発表しているのです。

今後は、論語の素読なども取り入れ、さらなる充実を図っていきます。

◈Everyday English

才教学園は開校当初より、構造改革特区「学都松本英語教育特区」の認定を受け、小学校から英語授業をしています。小学生が毎日行っている「Ｅｖｅｒｙｄａｙ Ｅｎｇｌｉｓｈ」です。

一二時一五分から四〇分までの二五分間、六学年がいっせいに英語の授業となります。この授業の特徴は、レベルごとに八段階のクラスに分け、異学年混合のクラス編成をしていること。ですから小学校の一年生でも、帰国子女の子どもなどは、上のクラスにいくわけです。

低学年のクラスでは、聞く、話すに重点を置いて英語に親しむのが基本です。聴覚の鋭敏な時期に、歌をうたったりして、楽しみながらヒアリングと発音の能力を養うのです。

高学年の上のクラスになると、読み書きを加えて基礎力をつけます。

小学校の六年間に毎日、英語に触れることで語学力は飛躍的に伸びます。中学に進学したときには、さらに高度な授業を行いますが難なくついていけるのです。

国際舞台で活躍する人材を育成する英語教育

才教学園の英語教育について、もうちょっと詳しく述べましょう。

本校は、小学校で英語授業を正式科目として行うため、開校当初から「学部松本英語教育特区」の研究開発校として、英語カリキュラムに取り組み、実績を積み重ねています。平成二二年（二〇一〇年）には、文部科学省に「教育課程特例校」の許可申請をして認められました。

私は学校を設立するときから、英語教育に力を入れようと考えていました。設立趣意書にも、地球規模の変革のときをふまえ、「初等中等教育にあっても全世界、全人類のために尽くす時代のパイオニアになることを目指す」と書いています。

グローバル化が加速度的に進む二一世紀、国際舞台でも活躍できる人材を育てるには、英語力は欠かせないものであるからです。

一方、本校の人間教育では、日本人の礼儀正しさや勤勉さ、やさしさ、正しい言葉遣い

図15　日課表　例）小学校1年生

<table>
<tr><th></th><th>月</th><th>火</th><th>水</th><th>木</th><th>金</th></tr>
<tr><td>8:40</td><td colspan="5">朝読書</td></tr>
<tr><td>8:50</td><td colspan="5">朝の会</td></tr>
<tr><td>9:00</td><td colspan="5">さいきょうトレーニング</td></tr>
<tr><td>9:15</td><td colspan="5">先達に学ぶ発表会</td></tr>
<tr><td>9:25</td><td colspan="5">休憩</td></tr>
<tr><td>9:30</td><td colspan="5">1時限</td></tr>
<tr><td>10:15</td><td colspan="5">休憩</td></tr>
<tr><td>10:25</td><td colspan="5">2時限</td></tr>
<tr><td>11:10</td><td colspan="5">休憩</td></tr>
<tr><td>11:20</td><td colspan="5">3時限</td></tr>
<tr><td>12:05</td><td colspan="5">休憩</td></tr>
<tr><td>12:15</td><td colspan="5">Everyday English</td></tr>
<tr><td>12:40</td><td colspan="5">昼食・お昼休み</td></tr>
<tr><td>13:45</td><td colspan="5">4時限</td></tr>
<tr><td>14:30</td><td>休憩</td><td colspan="4">清掃</td></tr>
<tr><td>14:50</td><td rowspan="2">5時限</td><td colspan="4">終わりの会</td></tr>
<tr><td>15:05</td><td colspan="4"></td></tr>
<tr><td>15:25</td><td>清掃</td><td colspan="4"></td></tr>
<tr><td>15:45</td><td>終わりの会</td><td colspan="4"></td></tr>
<tr><td>16:00</td><td></td><td colspan="4"></td></tr>
</table>

を教えています。

　ただし、これは内向きになるという意味では決してありません。自国を大切にして、日本人としての誇りを持ってこそ、他国を尊重でき、異文化コミュニケーションがかないます。ですから、国語教育や伝統文化を学ぶ場を多く設けて、同時に英語教育も万全にすることで、真の国際人を育もうとしているのです。

　それと小学校から英語授業をする理由としては、現実問題として、聴覚の鋭敏な子どものうちから学ばせた方が良いということもあります。

　私も、かつて日本人学校開設のために渡英したときに、英語のヒアリングにはずいぶん苦労しました。聴き取りが正確にできなければ、正しい発音でしゃべることもできません。また年齢が上にいくにつれ、羞恥心も生まれてきます。少しくらい間違えても気にしない幼少期から始めるに越したことはないのです。

　本校の小学生は、先述したＥｖｅｒｙｄａｙ　Ｅｎｇｌｉｓｈの時間に、英語を聞き、話す楽しさを体験しています。まずはゲームなどで英語に慣れ親しみ、簡単な会話ができるようにし、フォニックス法を用いて文字と発音を結びつけるトレーニングもします。小学校の習熟度の高いクラスになると、学んだセンテンスを使い、応用も兼ねたハイレベルな授業を進めています。

あとは、定期的に行う「**英語の森**」というプログラムもあります。これは小中合同の縦割クラスで、英語を実践的に使う授業。これも小学生から中学生までレベルごとにクラスをつくり、ゲームや歌を楽しんだり、海外旅行のシミュレーションをしたり、さまざまな英語表現を学びます。

英語の森では、いつもの授業とは違った状況のなかで、小学生と中学生のコミュニケーションが深まります。また下級生も上級生も、年齢の異なる相手と話すことで、新たな英語表現を知るチャンスになるわけです。

◈中学校で英語を話せるようになる

さらに平成二三年（二〇一一年）度からは、小中共にこれまでの英語教育をよりバージョンアップさせたカリキュラムを開発して実行しています。小学校と中学校のトータル九年間で英語力を積み上げ、中学生全員が日常会話レベルで英語を話せるようになるプログラムを組み立てたのです。

英語力の基準としては、「**才教英語級**」というオリジナルの統合的な英語級を設定しました。小学校一年生の二〇級からはじまって、中学校三年生の一級まで、各学年でステップアップして進級していくことを目指します。

そして中学校の英語授業では、「**会話**」「**教科書**」「**リサーチ活動**」を三つの柱とし、英語をコミュニケーションの道具として使える生徒を育成します。また中学生は学期ごとに二回の「**スピーチ**」と「**面接**」の校内検定を受けて、継続的にレベルチェックを行います。これによって使える英語を習得させ、中学三年生で全員が英語を話せるようになることを目標に授業を進めていきます。

本校の児童生徒は、英語の授業が好きな子どもがたくさんいます。英検の受験者、合格者も大勢います。これからもグローバルな視野を広げ、人間としての成長をうながすような、より幅広い英語教育を実践していきたいと思っています。

全国模試で「自分はどの位置にいるか」を知る

ここまで述べてきたように、才教学園ではあらゆる教科において、児童生徒が自分で目標を設定しチャレンジする学習カリキュラムをつくっています。

そうした過程で常に上を見てチャレンジしていくためには、実力を正確に知ることも大事です。自分は今、学んだことをどれくらい理解しているのか。それがわからなければ、次なる目標を設定することができないからです。

毎日の取り組みとしては、さいきょうトレーニングのほか、ふだんの授業でも教師が必要に応じてテストをし、問題を解く力を自らが認識できるようにしています。

そのほか、定期的に取り組んでいるのが全国模試です。

全国模試は、小学一年生から三年生までは隔月、小学四年生以上および中学生は毎月行っています。これは自分の実力を知るためには、とても有効な方法といえるでしょう。

なぜなら中学生の定期テスト（中間および期末）や、小学生が授業中にやっているテストは、習ったばかりの箇所が出題されるので、しっかり勉強していればみんなできてしまいます。しかし模試は範囲が広いので、客観的に自分の学力を確認できるのです。

全国模試を受けるのは、創立一年目の年は中学生だけでした。ところが、小学生は先輩が模試に挑戦している姿を見て、自分たちもやってみたいと思ったのでしょう。「ぼくたちもやりたい」と子どもたちのほうから言ってきたので、二年目から小学生も行うことになったのです。

全国模試を実施するのは、ひとつには学習意欲を高めるねらいがあります。

隔月もしくは毎月行いますから、「次はこの教科をもっと頑張ろう」という具合に目標が立てやすいわけです。とくに中学生は、高校受験という現実的なハードルがあるので、目的意識はよりはっきりしてきます。模試で弱点を分析して、自分で対策を練ることができるのです。

そして模試のいちばんのメリットは、全国の水準がわかり、「自分はどれくらいの位置にいるのか」を知ることができるということです。

本校の授業はハイペースで進んでいるため、模試の結果は、全国平均よりもかなり高くなります。77ページの学力・学習状況調査の結果をみても歴然です。中学生にとっては、学内の定期テストのほうが難易度はずっと高いくらいです。

ところが才教学園で成績がトップクラスでも、全国模試を受けてみれば、国内には「上には上がいる」ことがわかります。だから毎月の模試は「井の中の蛙」にならないよう、モチベーションを維持する目的もあるというわけです。

または学内で成績上位に入らない子どもたちにとっても、模試は意味を持ってきます。才教学園では中位、下位だとしても、全国レベルではさほど低くはないのがわかります。

このように個々が自分の学力はどれくらいなのか、いろいろな角度から把握するためにも、模試は役立っているのです。模試が学力のすべてではありませんが、ひとつのバロメーターではあります。

あとは自分の力を知るということでは、各種検定も有効な手段といえるでしょう。

本校では、たくさんの児童生徒が英検、児童英検、漢検、数検、児童数検といった検定に挑戦しています。

平成二一年（二〇〇九年）には、数検グランプリ金賞（団体賞・中学校部門）を受賞。これは数検で優秀な成績をおさめた団体に贈られる賞で、全国で二四校、県内では本校のみが選ばれました。また、漢検成績優秀者・団体の部・奨励賞も受賞しています。

検定受験は強制ではありませんが、小学生も中学生もみんなすすんで受けています。自ら受けるということは、高い向上心をもってのぞむので、おのずと合格率は高くなります。そして達成感を味わえば、もっと上を目指そうという意欲がわいてきます。

各種検定によって、チャレンジ精神が大いに育まれているのです。

ここにもたくさんのハードルを設けているのです。

能力差に目をそむけないから、向上心が身につく

一人一人の子どもの力を限りなく伸ばしていくには、自分の実力をちゃんと知ることと、人との比較はしないということが、どちらも必要です。

これはある意味で矛盾を含んでおり、教育する側にとっては難しいものです。しかし、テストなどで自分の今の力を把握させたうえで、なおかつ他人との競争ではないとわからせないと、子どもはのびのびと学力をつけることができないのです。

日本の学校教育の現場では、教育がなされればなされるほど差がつくという原則をあいまいにしている傾向があります。みんな一緒、平等に学力を向上させましょう、という傾向がかつては見られました。

しかし、こうした考えが、むしろ学力格差を増幅させる要因のひとつにもなっているのではないでしょうか。

それでは落ちこぼれてしまう子どもはますます勉強が嫌いになり、できる子どもは点数や順位に汲々として競争意識ばかりにとらわれてしまいます。

最も大事なのは、勉強すれば「差はできる」ということから目をそむけず、そのうえで「人との競争ではなく、自分との競争なんだ」と子どもにわからせることです。

才教学園では、全国模試で百点満点をとった子どもは表彰しています。さいきょうトレーニングをはじめ、授業でも小テストをよく用います。

あとは小学校のＥｖｅｒｙｄａｙ Ｅｎｇｌｉｓｈのほか、小学校三年生以上の算数、中学校の英語と数学は習熟度別にクラスを分けています。さらには数学特別クラス（数才クラス）というものも設け、小学生の算数、中学生の数学で優秀な子どもを選抜して、ハイレベルな授業を実践しています。

つまり小学校三年生以上は、英語・算数・数学の時間になると、同じクラスでもレベルごとに分かれて、別々の教室で授業を受けるわけです。

こうして能力差がはっきり見えることで、子どもたちが優越感や劣等感を抱くかといったら、そんなことはまったくありません。

私は、ことあるごとに、

「競争は大いにやりなさい。だけど、いちばんやらなくてはいけないのは自分自身との競争なんだよ。人と競って、勝った負けたといって、うかれたり自信をなくしたりしてはいけないよ。昨日の自分より今日の自分、今日の自分より明日の自分と比べて、一日一日成長していくことが、何よりも大切なんだよ」と説いています。私も教師たちも、「自分との競争」を口が酸っぱくなるほど言い続けています。大人が真摯に語りかける言葉は、子どもたちに届くものです。子どもの柔軟な心を信じてきちんと伝えれば、彼らは受け止める力を持っているのです。

才教学園のこのような教育指針は、通知票のスタイルにもあらわれています。各教科で五段階の評定をするのは、普通の通知票と変わりありません。ただし「学習の様子」を細かく項目を分けて評価し、それも意欲や態度まで見ています。

そして学習にとどまらず、「行動のようす」も三段階で評価しています。また総合所見欄では学習面と行動面について、担任教師が詳しいコメントを書きます。これを読めば、子どもは「先生はちゃんと自分を見てくれている」と感じますし、自分は何がすぐれているのか、何が足りないのかわかるわけです。

ですから、才教学園の子どもたちはたがいに切磋琢磨して伸びていこうとしています。授業中も、子どもたちは活発に発言しています。間違った解答をしても、ちょっとおかしな意見を言っても、あまり気にしません。だれかが答えにつまったら、まわりの子どもたちが応援したり、ユニークな意見が飛び出せば、「ふうん、何々ちゃんは面白いこと言うな」と感心したりしています。

それは本校では、何々くんはできるからすごいとか、何々さんはできないからだめだとかではなく、一人一人がどれだけ努力するかが価値をもっているからです。

自信を過信にさせない、能力差を意欲の消失につなげない。

こうした教育環境づくりをすれば、できる子どもをより伸ばし、能力が不足している子どもをやる気にさせます。これは現代の教育現場で、最も必要とされる視点といえるのではないでしょうか。

高校、大学、将来の目標までもつながる中学教育

さて小学校で学習の基本を身につけた子どもたちは、進学判定試験を経て、中学校に入学します。平成二三年（二〇一一年）度は、二二名の内部進学生に加えて、入学選抜試験に合格した三七名、合計五九名の生徒が新中学一年生となりました。

才教学園では、中学校は、高校、大学、社会へとつながる学力と人間力を強化する時期

音楽	器楽の能力２（鍵盤ハーモニカ）	A	
	音楽の鑑賞	—	
	知識・理解（写譜などによる）	A	
図工	意欲的に創作活動へ参加し、楽しく絵を描いたり、物をつくったりすることができる	A	5
	見たものを正確に写し取ることができる	B	
	自由な発想で、描きたいものを画用紙に表すことができる	B	
	様々な材料を用いて、立体的に表すことができる	A	
	自分の作品にこだわり、細かい部分まで、ていねいに創作活動を進めることができる	A	
	自分の作品について、説明や工夫したころなどをくわしく説明するとことができる	A	
	友だちの作品について、具体的な言葉で良さを見つけることができる	A	
体育	自ら進んで運動に取り組むことができる	A	
	健康・安全に注意して、楽しく運動することができる	A	
	きまりを守り、仲間と協力して運動することができる	A	
	走る・飛ぶ・投げるなどの基本的な動きがスムーズにできる	A	
	短距離走で最後までスピードを落とさず、走りきることができる	A	
	集合・整列や話を聞く姿勢など、授業にふさわしい取り組みができる	A	
	簡単なキックベースで、チームで協力して試合をすることができる	A	
	水泳授業に一生けんめい取り組むことができる	A	

特別活動
社会係 ・ 班長

行動のようす　A：十分　B：普通　C：不足	
自分の持ち物を大切にし、身のまわりの整理整頓ができる	A
服装や身のまわりの清潔に気をつけることができる	A
先生や友達にはっきりと、あいさつや返事をすることができる	B
忘れ物をしないように気をつける	A
係や当番の仕事をしっかりやろうとしている	A
相手のことを考え、優しく接しようとしている	B
そうじや作業をいっしょうけんめいしようとしている	A
約束やきまりを守って生活し、みんなが使うものを大切にしようとしている	A
授業のルールをまもり、姿勢良く落ち着いて話をきくことができる	A
今何をするべきか、そして次に何をしたらいいのか、考えて行動することができる	A

出欠の状況	
授業日数	86
忌引・停止	
出席しなければならない日数	86
出席日数	80
欠席日数	6
遅刻	
早退	
備考 欠席６：風邪	

総合所見		
	学習面	落ち着いて授業に参加することができました。どの教科においても、学習した内容を良く理解しており、一生懸命取り組む姿が見られました。この調子で2学期も頑張りましょう。○○さんは良い考えや意見をたくさん持っているので、授業中に自分から活発に意見を述べられるようになると更に良いです。国語では、自主勉強で漢字の書き取りを行い、漢字の学習に熱心に取り組むことができました。また、日記では表情豊かな文章を書くことができました。自分の気持ちやその時の様子など、様々な言葉を用いて表現することができ、素晴らしいです。これからも、どんどん力を伸ばしていきましょう。一方で、時々字が乱れてしまうことがありました。○○さんはきれいな字を書くことができるので、常に字を丁寧に書くように心掛けると更に良いでしょう。算数では、学習した内容をよく理解しており、難しい応用問題も得意な様子が伺えます。しかし、繰り上がり、繰り下がりが続く3桁±3桁の筆算の計算ミスが見られました。簡単な計算でもしっかりと見直しをすれば、ミスもぐんと減るはずです。
	生活面など	きまりを守り、落ち着いて毎日を送ることができました。友達と楽しく遊ぶときは楽しく遊び、しっかり勉強するときはしっかり勉強する、といったメリハリを自分でつけられることが、○○さんのよいところです。また、今学期はグループのリーダーとして、試行錯誤を繰り返しながらも、まとめるために努力を重ねることができ、素晴らしかったです。一方で、皆の前で何かをすることに対して、だんだんと恥じらいを感じるようになっているようです。○○さんはよい意見や高い能力を持っています。その力を発揮するためにも、自信を持って、皆の前で行動できるようになると、更なる成長が望めるはずです。思慮深く、努力家の○○さんなら、自ら進んで頑張ることができるでしょう。2学期もその頑張りに期待しています。

図16　小学校3年生1学期の通知票

学習の様子

A：目標に到達できた　B：おおよそ目標に到達できた　C：目標に達するよう努力しよう

教科	学習目標	評価	評定
国語	進んで学習に取りくみ、表現したり読んだりしようとすることができる	A	5
	声の大きさや速さに気をつけて、相手にわかるように順序立てて話すことができる	A	
	表情豊かに、すらすらと文章を読むことができる	A	
	説明文において、順を追って整理しながら読み進めることができる	A	
	ものの様子を説明するときに、詳しく、分かりやすい文章を書くことができる	A	
	設問において、何を質問されているのか理解し、答えることができる	A	
	主語、述語、修飾語を見つけ出し、相互関係を正しく理解できる	A	
	漢字に興味を持ち、身に付けると共に、積極的に使うことができる	A	
	文字の形や筆順に注意して、ていねいに書くことができる	B	
	宿題や提出物をきちんと提出することができる	A	
算数	学習に興味を持ち、集中して授業を受けることができる	A	5
	３桁±３桁の筆算や、２桁±２桁の暗算ができる	A	
	時間の概念を知り、時刻や時間を求めることができる	A	
	九九を使って、かけ算や余りのないわり算ができる	A	
	かさ（ℓ、dℓ、mℓ）の単位を知り、測定や加減計算ができる	A	
	隠された数を数学的な思考を通して求めることができる	A	
	文書で書かれた問題を、筋道を立てて考え、解くことができる	A	
	宿題、提出物をきちんと提出できる	A	
理科	身の回りの自然の中での出来事や現象について関心を持ち、疑問を解決しようとしている	A	5
	実験や観察などを工夫して行い、的確に表現したり発表したりすることができる	A	
	日かげのでき方や日なたと日かげの地面の様子の違いがわかる	A	
	身近な植物に興味・関心を持ち、進んで探して観察・記録し、その育つ様子がわかる	A	
	昆虫の育ち方を観察し、卵・幼虫・蛹・成虫という一定の順序で成長することがわかる	A	
	植物のからだのつくりをきちんと理解している	A	
	宿題や提出物などを忘れずに提出することができる	A	
社会	地域社会の事象に興味を持ち、進んで学習に取り組もうとしている	A	5
	地図記号を正しく理解し、書くことができる	A	
	作成上のきまりをまもり、地図を書くことができる	A	
	学校のまわりの店や住宅、土地利用などについて、授業で調査、考察したことを理解している	A	
英語	英語の学習に積極的に参加している	A	5
	学習した単語を、発音を聞いて書くことができる	A	
	フォニックスの短母音の発音に気をつけながら、はっきりと表現することができる	A	
	英語圏の文化を積極的に理解しようとしている	A	
	英語で話された内容を正確に聞き取ることができる	A	
	年齢や物の名前を聞いたり答えたりすることができる	A	
	形容詞を使って、物の様子を表現することができる	A	
	日常生活で使う動作を表現することができる	A	
	会話でよく使われる有効表現を覚え、質疑応答に用いることができる	A	
音楽	音楽に対する関心、態度	A	5
	歌唱の能力	A	
	器楽の能力（ソプラノリコーダー）	A	

ととらえています。

学習面では高校受験に備えて、それぞれの生徒の能力に応じたきめ細かい指導をしています。それと共に、生徒が描きはじめた将来の夢に向けて、さまざまな実体験カリキュラムも効率的に組み入れています。生徒が希望する志望校への進学を実現するために、密度の濃い授業とバックアップ体制を整えているのです。

中学一年生から将来を見据え、さらに「志を高めよう」と指導することで、いっそう自発的に学習するようになります。こうして中学校生活を送ると、高度な学力がついて、志望校合格が可能になるのです。

学校説明会などではよく、「中学からの入学でも高校受験に間に合うのか。小学校から才教の教育を受けていなくてだいじょうぶなのか」と質問されます。

これに関しては、心配におよびません。中学校から入学した場合でも、多くの授業時間数、夏期と冬期の校内講習、毎月の全国模試などによって、着実に学力はついていきます。入学時から二年間で、偏差値は飛躍的にアップ。大多数の生徒は、希望する進路へと進むことができるのです。

中学から入学する場合、重要なのは本人のモチベーションが高いかどうかです。

図17　中学校からの入学者の実績

●入学時から２年間の学習成果

１年次４月模試の平均偏差値 ➡	61.2
２年次４月模試の平均偏差値 ➡	63.9
３年次４月模試の平均偏差値 ➡	66.4

２年間で
5.2UP

先に述べましたが、入学選抜試験では面接を重視し、「中学校に入ったら何をしたいのか、将来はどういうことをしたいのか」を聞きます。本校は試験の成績のほか、面接で質問をし、意欲ややる気のある子どもを優先して選抜しています。

つまり学力が極めて高い子どもばかり合格させているわけではなくて、「才教で頑張るぞ」という子どもを選んでいるわけです。

この「才教で頑張るぞ」という気持ちが、受験時の学力などよりもずっと大事です。「いい高校に入りたいから、才教でもっとできるように教えてください」といった受け身の姿勢の子は伸びません。「ぼくはこういうことが大好きで、才教で力をつけたい」とか、「私はこんな夢があって、将来はこういうことをして人を幸せにしたい。だから才教で勉強したい」という子どもは、どんどん学力が伸びます。そういう子どもは、中学三年間の学習で十分に成長できるのです。

中学校の授業の特徴は、小学校にも増してハイペースで進められるということです。

とくに英語と数学は、中学一年から高校一年までのカリキュラムを系統立てて整理し、高校で学ぶ内容まで身につけます。というのは県下トップの進学校といわれる高校では大学受験に対応するため大変な分量の学習をしています。それゆえ、中学のうちから高校一年の学習内容に触れることで力がつき、また実際に高校に進学してからも授業レベルのギャップに苦しまずについていけるわけです。

中学生は学習のみならず、部活動や行事にも積極的に参加しています。だから、ねじり鉢巻きで勉強だけをしているのではなく、だれもが活き活きと学校生活を送っています。中学生がよく言うのは、「自然に勉強ができるようになった」という言葉です。意欲の高い子どもたちが、たがいに触れ合うなかで、「みんなに触発されて成績が上がった」と言うのです。

創立から六年、子どもの学力に環境はこれほど影響するのかと驚かされています。

子どもたちの心と学力を存分に伸ばすため、これからも教育環境を整備し、充実したカリキュラムづくりを手がけていきたいと思っています。

感動メッセージ（小学一年保護者）

しっかりと頭を使う――一学期授業参観

算数で「10はいくつといくつ」の授業を見させていただきました。

黒板で大きなイチゴのマグネットを使い、二つのお皿にいくつずつ分けられるかという問題に、子どもたちはしっかり皆、手をあげていて、当ててもらうと、前に出てちゃんと考えて答えていました。

また親子で算数セットの数字カードを使った「神経衰弱」はなかなか面白く、ゲーム感覚でできるので、家でもぜひやってみたいと思いました。

実際にマグネットやカードを使ってやることで、より頭に入りやすく、またそれをノートに書いたりすることで、さらに定着していくという過程を見せてもらい、大変参考になりました。

一時間の中で内容のいっぱい詰まった授業に、子どもたちはしっかりと頭を使っている状態で、そのテンポがいいのか、皆、意欲的な感じがすごくしました。こういう授業の感じだから、勉強が楽しいと思えるのだろうな・・・と、あらためて知ることができました。素晴らしい授業風景を見せていただき、ありがとうございました。

感動メッセージ（小学三年保護者）

自分の考えを発言できる環境――一学期授業参観

辞書のひき方を学ぶ授業。母親としてドキドキの一瞬がありました。

「『あきかん』と『あきかぜ』どちらが先に国語辞典にのっていますか？」との先生の質問に、たった一人、息子が「あきかん」だと思う人に手をあげます。

「うわ〜、ちがう、ちがう・・・」と心の中で私。

でも、たった一人だというのに、なぜか堂々と手をあげる息子。理由をきかれると「『あきかぜ』の『ぜ』に点々がついているから『ん』より後にくると思う」と淡々と意見を述べます。

すると「う〜ん・・・」と皆が考え込む一瞬がありました。恥ずかしくなったのは私です。自分で考え、考えたことを発言し、それを受け入れてくれる仲間たち。素晴らしい環境を作ってくださっていると心から実感した瞬間でした。

今日は本当にいい姿を見せていただきました。本当にありがとうございました。

感動メッセージ（小学五年保護者）

あたたかい雰囲気の授業――一学期授業参観

国語の授業を参観させていただきました。授業の始めに、ネームプレートを後ろの席から順にまわして集めたのですが、そのとき子どもたちがごく自然に「お願いします」「ありがとうございます」と言っていることに驚きました。やはり、きれいな言葉遣いは気持ちのよいものだと思いました。

詩の暗唱は突然だったので、途中でつかえてしまったり、間違えてしまう子もいましたが、そういうときに「えーっ！」とか「違うよー」、または笑い声などはまったくなく、発表している子を応援している気持ちが伝わってきました。勉強する以前に大切なことは、このようなお友だちを尊重したり、認めたりする気持ちや、あたたかいクラスの雰囲気が大事だとつくづく感じ、本当にうれしく思いました。全員が答えられるような、先生のご配慮もありがたかったです。

子どもたちの意見は、参観日の緊張からやや偏り気味でしたが、北原白秋の詩の美しさを子どもたちに気づかせてくれる授業でした。生徒一人一人の意見の受け答えにも、先生のあたたかさが伝わってきました。ありがとうございました。

感動メッセージ（小学六年保護者）

子どもたちが「考える」時間──二学期授業参観

マッチ棒を自分の手で動かして試行錯誤。Xを使った公式を何通りも導き出すという、算数Aの授業でした。机の近かったお子さんの手元をのぞき込み、自分の考えをグループで話し合い、まとめていく様子を見て、小学生とは考えられないほどで感心しました。「教える授業」というよりは「考える授業」という印象です。

子どもたちの力を信頼し、「考える」時間を与えてくださっている先生。「私もこんな授業を受けていたら今ごろは・・・？」と、つい考えてしまいました。それほど素晴らしい授業だったと思います。「数学好きの子どもがたくさん生まれるといいなあ。息子もそうなってほしい！」と思わせていただいた一時間でした。ありがとうございました。

感動メッセージ（中学一年保護者）

知識がどんどん広がる――二学期授業参観

一学期の参観日と比べ、子どもたちの姿の大きな変化にびっくりです。小学生気分、体格から一気に変わり、大人を感じさせる雰囲気が感じられました。

社会の授業も意外な感じでした。先生の質問に対して何もしゃべらず、反応なく（思春期の恥ずかしさから？）もっと静かかと思いきや、和気あいあいと楽しそうに、自分の意見をはっきりと言える姿に感心しました。

先生の質問も、答えに対して、それにつながる別の質問へと幅を広げ、生徒に問うというやり方に魅力を感じました。

知識がどんどん広がっていく楽しさが学べてよいと思います。

志教育エピソード（中学三年担当）

報道が優先か人命救助が優先か

１９８３年から続く内戦と干ばつのためにスーダンでは子どもたちを中心に、深刻な飢餓がおこっていた。やせ細り、地面にうずくまったまま動かない幼い女の子と、その少女を狙うハゲワシをおさめた写真は、ケビンカーターという写真家によるものだ。かつて、報道の最も権威ある賞としてピューリッツァー賞を獲った。

「ピューリッツァー賞？　今にも死にそうな女の子を写真のネタにしたその写真が、最も権威ある賞をもらったって？　それってあまりにも非人道的だと思いませんか？」

「いや、僕はそう思わないよ。彼は写真家だ。それが彼の仕事なんだよ。彼が、誰も踏み入れなかった地へ足を運び、その様子を伝えたからこそ、僕たちは、その国の危機を知ることができた。『伝えること』が彼の責任なんだよ。だから、彼の行動は間違っていないと思うな」

「なるほど、でも、ちょっと考えてみて。写真家だからといって、彼の行動が人の為になっているのかな。例えば、自分の子どもが目の前で助けを必要としているのに、カメラを向けられていたらどう思う？　そんな行為が、世界平和を伝えることができるのかな」

「できる。彼が写真を撮ったことで、食料や医療支援が始まったんだ。それに、その写真が教科書に載り、僕たちが今、こうやって議論を交わしていること自体、彼の行動のおかげなんだ。だから、彼の行動には意味があったんだよ」

中3の英語の授業で、一枚の写真からこのような議論が交わされた。このやりとり、もちろんすべて英語。『これから「正義」の話をしよう』のマイケル・サンデル顔負けの白熱っぷり。

一人ひとりのノートに、自分の意見は書いてあるものの、相手から予想もしていなかった意見が出た時は、すぐさま自分の言葉で反撃する。聞いている相手が分かるように、知っている単語とシンプルな文法で、一生懸命伝える。多少の間違いは気にしない。十分通じる。

日本語で聞いていても、思わずうなってしまう意見を、英語でぶつけあう姿に鳥肌が立たずにはいられません。

普段から深く物事を考えたり、自分の意見を大事にしている人は、言葉の壁など関係ないのだなと改めて感動しました。どんな話題でも熱く、真剣に考える姿勢に拍手‼

志教育エピソード（数学科教諭）

意欲あふれる子どもたち

本校の数学科は、中学内容を深めつつも、高校数学も学習しております。授業中も、単元の合間に高校数学の内容を話しながら授業を進めています。そんな日々の中、中2の授業での出来事です。

「いいかな。これを乗法公式といいます。なにか質問ある人いますか？」

と、私が質問すると、予想通りの質問がくるわけです。

「先生、これって何かの役に立ちますか？」

子どもたちにとって、今、学んでいることがどのように役立つのか見通しが立たないと、乗法公式一つでも、しくみと利便性を意識して学習に取り組めないと思った私は、今後の流れをざっと話してあげた。

「いいかい。君たちが学んでいる乗法公式は……」

と、私も数学の話をするのが大好きなので、この先学んでいく因数分解、2次方程式のこと、2次関数への利用と、2次関数でどれだけ活用されるかを話し続けました。ついつい、関数の話の中で3次関数や4次関数、微積分の話もするありさまでした。しかし、その時の子どもたちの目を私は忘れていません。キラキラした目で私を見つつ、話を食い入るように聞いていたのです。

授業後、数名が私の周りに来て、

「自分たちが学んでいることがこれから先、こんなにもたくさんのことに役立つのですね。ビックリしました」とB君。

「乗法公式が何の役に立つのかと思ってましたけど、まさかここまでとは思ってませんでした」とC君。

それからB君やC君は数学に対して興味が一層増し、授業後にはB君やC君が持ってくる微積分の問題の話をしたり、角の3等分線の作図は出来ないのかなど、高度な数学の話もしています。

高校数学や中学時代にやることは、ただ、知識や数学の力を高めるほかに「数学への意欲」をかきたててくれるものだと思います。高校数学は、いわば中学数学の延長線上に位置するものです。高校数学が出来れば、中学数学が出来ないはずがないので、中学でやることは無駄なことではありません。才教の子は、これだけの潜在能力を持っているはずです。

今の自分に満足せず、いつも向上心を持って、B君やC君のように積極的に学んでいくことを期待しています。

第3章

人間的エリートを育成する「志教育」の環境づくり

世のため人のために尽くす人間的エリートを育てる

才教学園の学校使命は「世のため人のために尽くす高い志を育てる」ですが、創立当初は「人間の尊厳を大切にする真のエリート教育を行う」と謳っていました。

平成一七年（二〇〇五年）の開校準備の段階で、生徒募集のために作成したパンフレットにも、「真のエリート教育を行う」と書いています。

あえて「エリート」という言葉を使ったのは、かつてイギリスでノブレス・オブリージュ（貴者の義務）の精神に直に触れた経験があったからです。現地でパブリックスクール（全寮制私立学校）を視察すると、恵まれた環境で高い教育がなされていました。そして生徒たちは、良い教育を受け、優位な立場に立つ者に課せられた義務や責任を負うことをしっかり自覚していました。

私はこのとき、イギリスの伝統校に息づいているノブレス・オブリージュの真髄を肌で感じ、「いつか自分で日本に私立の学校を創り、真のエリートを育てよう」という思いが生まれたのです。

だから学校を創設するときに、学校使命として「人間の尊厳を大切にする真のエリート教育を行う」とはっきり打ち出したわけです。

世間的には、「エリート」という言葉に良い印象はありません。エリートというと、ただ勉強ができるとか、学歴が高いとか、あるいは他人を蹴落としてのし上がる人の代名詞に使われがちです。

そこで「真の」を冠して、勉強はもちろん、人として正しい礼儀やしつけも指導し、人間的に成長できる教育を施したいと考えたのです。

才教学園のいうエリートは、決しておごり高ぶることなく、謙虚な中にチャレンジ精神と知力をみなぎらせた人間です。私たちが育てようとしているエリートとは、自らを律し、自らを鍛え、世のため人のために能力を発揮し、場合によっては自己を犠牲にしてでも社会に貢献できる力を持った人材です。

つまり「真の」というのは、偏差値エリートなどではなく、人間的なエリートを示唆しているということです。

本校を巣立った子どもたちが、お金持ちになるとか偉くなるとか、そんなことは問題ではありません。人としてすぐれた見識、洞察力、道徳観、倫理観、そして自己犠牲の気持ち。そのような高い意識と使命を持って、社会の一隅を照らし続けられるような、優れた人間性を備えたエリートを育てたかったのです。

高い志を育み、人を引っ張っていけるような真のエリート、真のリーダーを育成することが、才教学園の存在意義そのものであるといっても過言ではありません。

「学校とは本来どういう場か」を子どもに伝える

才教学園は、小学校と中学校からなる学校です。昔も今も、多くの私立学校は中高一貫です。よく「なぜ小中一貫なのですか？」とも聞かれますが、人を育てるには小学校からの教育が重要だと思ったからです。

私は高校の教師をしていたときに、高校生を教えていると「中学時代の教育が大事だな」と感じることがしばしばありました。これは教師をしている人はたいてい気づくのですが、中学校で教えている人は小学校、小学校で教えている人は幼稚園と、どんどん遡っていくわけです。

そう考えると、小学校から教えていかなくてはいけないと思い、中高一貫ではなく小中一貫の学校として創設することにしたのです。

実際、小学生のうちから高い志を育てる教育を実践してきて正解でした。

新小学校一年生の子どもたちに「才教学園とはどんな学校か」を教えるときには、「当たり前のことを当たり前にできる学校」と伝えています。まずは学校生活のすべてにおいて、行動、態度、ふるまいなど、「当たり前のことが当たり前にできるようになろう」と言っているのです。

まっさらの一年生の幼い子どもたちは、才教学園が目指す人間教育をどんどん吸収してくれます。また中学から入学してくる新中学一年生でも、「学校とはどういう場所か」ということから説いていくと理解し、自覚が生まれてくるのです。

才教学園に迎えた子どもたちには、私は、必ずこのように言います。

「学校とは『勉強するところ』『正しいことは正しい、間違っていることは間違っていると言えるところ』『礼儀を学ぶところ』『理想を語るところ』『身体を鍛えるところ』だ」と。

この五つは、学校のあるべき姿として、まさしく「当たり前のこと」です。これも入学前のオリエンテーションにはじまり、さまざまな行事で繰り返し語っています。ですから、本校の子どもたちは、学校とは本来どういう場なのか、日ごと月ごと年ごとに認識を深めていくのです。

生徒指導を行ううえでは、次のような学年目標を定めています（平成二二年度）。

小一・**やってはいけないことがわかり、ルールを守って、きまりよい生活ができるようにする。**
小二・**正直な言動ができるようにする。善悪の判断ができるようにする。**
小三・**自分の責任を意識して、クラスやグループ単位での活動ができるようにする。**
小四・**自分で考え、より良い判断をし、それを実践する態度を育てる。**
小五・**正直な言動や正しい行動が報われたり、称賛される環境をつくる。**
小六・**自分たちが学校を創っていくという自覚を持ち、学校のために判断する態度を育てる。**
中一・**自分や友だちと助言し合いながら、自律し行動することのできる生徒を育てる。**
中二・**自分の行動に責任を持ち、他と協力し高め、社会でも通用する行動のできる生徒を育てる。**
中三・**人の意見に耳を傾け、自己を見返し自信と責任を持って行動できる生徒を育てる。**

本校では、学年ごとにこのような目標を設けています。これにより段階的に倫理観を形成し、リーダーシップをとれる資質を育んでいるのです。

そのほか、各担任教師は学級経営案を作成し、目指す児童生徒、学級のありかたを提示しています。それぞれのクラスにおいて、生徒指導、学習指導、特別活動の面から目標を設定して、子どもたちの自立心や責任感の向上をはかっているわけです。

また児童生徒自身の取り組みとしては、生徒会を組織して、学校生活をよりよいものにする活動をしています。

社会の真のリーダーとなれる人間を育てるには、すぐれた人格形成をうながす教育環境づくりが必要です。学校の環境を整えることによって、自らを磨き、自己実現力を高める力をつけさせようとしているのです。

図18　小学校1年○組　学級経営案

学級（自己）の目標（目指す児童生徒・学級の状態）	
生徒指導	・善悪の判断ができ、自分でよく考えて行動できるようにし、常に落ち着いた言動ができるようにする。「やってはいけないことは絶対にやらない」ことを徹底し、きまりよい生活態度を身につけさせる。
	・友だち同士で、指摘し合ったり、励まし合ったりしながら、クラス全体でまとまって、良い行動がとれるようにする。
	・友だちが嫌がることはせず、相手の気持ちを考え、思いやりを持って、優しく接することができるようにする。
学習指導	・自分で学習環境を整え（机上の整理、学習用具の準備など）、良い姿勢で、落ち着いて学習に取り組ませる。
	・国語の読み書きの力、計算力など、基礎的学力を、毎日の継続的な学習活動を通して、しっかりと身につけさせる。
	・各教科や、先達に学ぶ発表会、朝、帰りの会でも発表場面で、のびのびと自分の意見を発表させるとともに、友だちの意見をしっかりと聞く態度を育てる。
	・グループによる発表や活動を通して、友だち同士協力し合い、学習を深め合い、ともに学ぶ喜びを味わわせる。
特別活動	・学校の一員、クラスの一員であることを意識させ、進んで活動したり、自分の役割をきちんと果たしたりできる態度を身につけさせる。
	・学校行事に、一人一人懸命に取り組ませ、目標を持ったり、振り返りをしたりしながら、精一杯活動し、充実感を味わわせる。

図19　小学校６年○組　学級経営案

学級（自己）の目標（目指す児童生徒・学級の状態）	
生徒指導	・学級目標を「日本一の６年生」として、６年生としての行動とはどのようなものなのかを考えさせ、常に意識させる。
	・その日その日や行事ごとを別々にとらえるのではなく、１年間を通して活動するのだという意識を持たせ、先の見通しを持って取り組むことや、活動を積み重ねて成長できるよう指導する。
	・やってもらう立場ではなく、自分たちが創るのだという意識を育てる。そしてそのために自分たちがすべきことを考え行動できるようにする。
	・自分たちのことだけでなく、他学年の立場や思いに気づかせたい。そして、全部の学年が協力してこそ学校が良くなりまとまるのだということを理解できるようにする。
	・生徒会では、小学校のリーダーとして活動の進め方や自分たちがすべきことを理解させる。また、たてわり班活動では、全員がリーダーとしての役割を担い、責任感と活動の進め方を理解し、他学年との関わりを通して喜びや達成感を味わわせたい。
学習指導	・教科の内容の理解はいうまでもなく、それ以外に学習への向かい方や学習の方法などについて教え、中学校の学習に適応できるようにする。
	・自分たちは中学生になるという意識を持たせ、目標に向かって努力する雰囲気を作り、毎月の模試などで自分の学力への意識を高めさせたい。
	・総合学習で、職業について取り上げ、その夢を達成するために、具体的に何を学ぶ必要があるのか知り、今すべきことを理解した上で努力できるようにする。
	・自分の学力を客観的に判断し、自分で課題を見つけ努力させる。
特別活動	・一人ひとりの目標を定め、それに向かって何をすればよいかを考え、終わった後は振り返りをして、それを次の活動に生かす態度を身につけさせる。
	・修学旅行、卒業音楽会など校外でも活動が増えるので、社会人としての礼儀や態度を教え、それが才教学園の評価につながるのだという自覚と責任感を育てる。
	・ひとつの活動をやりきった力を認め、次も必ずできるという自信をつけさせたい。そして、それを積み重ねることで自己肯定感を味わい、安定した心で過ごせるよう導いていきたい。

図 20　中学校 3 年○組　学級経営案

	学級（自己）の目標　（目指す児童生徒・学級の状態）
生徒指導	〈3年生としての役割を一生懸命果たし、学校の真のリーダーとして活躍できる学級〉
	・最高学年であることを強く自覚し、全校の模範となって行動できる生徒
	・自信を持って、後輩や仲間の前に立ち、引っ張っていくことが出来る生徒
	・周りの仲間を大事にし、互いに切磋琢磨できる生徒
	・現状に満足することなく、高い志を持ち続け、社会へ通用する大人へと成長を見せる生徒
学習指導	〈自主的に、切磋琢磨し、目標実現のために学習に真剣に取り組む学級〉
	・受験生という意識を持ち、日々の努力を怠らない生徒
	・自分が望む将来を明確に描き、自分の将来を前向きに考えられる生徒
	・目標をしっかり定め、自分に負けない心を持ち、学力の向上に励む生徒
	・根気強く努力し続け、自分を励まし、結果に結びつけることができる生徒
特別活動	〈新たな価値を見つけようと前向きに挑戦し、周りと団結して、積極的に活動に取り組む学級〉
	・挑戦したい気持ちを大切にし、勇気を出して動ける生徒
	・目標を達成させていく全ての過程を前向きに受け止め、最後までやり遂げた満足感を持てる生徒
	・級友達と大きな夢や目標を掲げ、互いに支え合い、成長し合える生徒

図21　生徒会組織

生徒会目的

才教学園の教育理念に基づき、児童生徒が本校の児童生徒としての自覚と誇りをもち、自らの学校生活を向上させることが出来るように活動することを目的とする。

生徒会組織

生徒会本部（会長　副会長　書記）
環境委員会（小5以上の各クラス2名）
図書委員会（小5以上の各クラス2名）
報道委員会（小5以上の各クラス2名）
倫理委員会（小5以上の各クラス2名）

※小学校の任期　平成22年4月～平成23年3月
※中学校の任期　平成21年10月～平成22年9月（球技大会まで）

特別委員会

体育祭実行委員長　（小5以上の各クラス2名）
さいきょう祭実行委員長（小5以上の各クラス1名）
球技大会実行委員長（小5以上の各クラス1名）

臨時委員会

選挙管理委員会（小5以上の各クラス1名）

源人格を築くことからはじめるステップシステム

才教学園は、高い志を持った人を生み出すための教育を実践してきました。人として正しい行いを教え、「勉強すること」「時間を守ること」「先生の言うことを聞くこと」「宿題は必ずやってくること」などは、創立初年度から必要最低限の「すべきこと」として指導してきました。

その過程において、児童生徒の人格はめざましく向上しています。子どもたちの忍耐力、自立心、責任感、思いやりの心は、期待した以上に育っています。学校を本来あるべき姿に整えることで、子どもたちは自ら自己形成しているのです。

私たちは子どもたちのそんな成長ぶりを観察しつつ、年々、教育環境とカリキュラムを整備してきました。学校使命や教育目標を進化させ、平成二二年（二〇一〇年）度には才教学園の教育全体を「志教育」と名づけています。

そして平成二三年（二〇一一年）度からは、「志教育」をさらに強力なものとすべく、ステップシステムをつくりました。

図22　志を育てるステップシステム

志教育のステップ	学年	志教育の指針学年テーマ		
第Ⅰ期 源人格と築く ～人としての基本人格をつくる～		倫理観	愛	勇気チャレンジ精神
	小学校１年	素直な心を育む約束を守る	友達と仲良く生活する	辛いことも頑張ろうとする気持ちをもつ
	小学校２年	善悪の判断ができ、正直な言動をする	友達の良いところを認める	難しいことにも勇んで挑戦する
	小学校３年	卑怯なことはしない。悪いことを悪いと相手に伝えることができる	相手を一人の人間として認め合い、お互い高め合うことができる	自分の抱える様々な問題に気づき解決する力をつける
	小学校４年	善悪を判断し、周囲に左右されることなく正しい行いができる	周りに対して常に感謝する心をもつ	自分の周囲の様々な問題に気づき解決する力をつける
第Ⅱ期 志を育てる ～自分の才・夢・役割を明確にする～		才	夢	役割
	小学校５年	自分の才を発見する	大いなる夢を描く	自分の周囲に様々な役割があることを見つけ、体験する
	小学校６年	自分の才を自覚し伸ばす	夢の世界観を拡げる	周囲に対して自分の役割を認識する
	中学校１年	自分の才のさらなる可能性を拡げる	夢に向かうことを通し心を養い生き方を考える	社会に様々な役割があることを見つけ、体験する
	中学校２年	自分の才の社会的可能勢を認識する	自分の将来計画を策定する	社会に対して自分の役割を認識する
第Ⅲ期 志を立てる ～進路を切り拓く～		志		
	中学校３年	高い目標を実現するため、社会貢献的な意志をもつ		

これは小学校と中学校の九年間を通して志を育んでいくシステムです。

小中一貫校のメリットを活かし、小学校一年から四年までの四年間を第Ⅰ期、小学校五年から中学校二年までの四年間を第Ⅱ期、中学校三年の一年間を第Ⅲ期としました。四・四・一のステップで、系統立てて志を高める仕組みをつくったわけです。

第Ⅰ期は「源人格を築く」時期です。第Ⅱ期では「志を育てる」ことを目指します。そして第Ⅲ期になると「志を立てる」ことが目標となります。

第Ⅰ期で人としての基本人格をつくり、第Ⅱ期で才・夢・役割を明確にし、最高学年の第Ⅲ期で進路を切り拓く。こうして小学校一年から中学校三年まで、ステップバイステップで「志教育」を推し進めていこうとしているのです。

また各学年でも指針を設定して、「この学年では何をなすべきか」を示しています。第Ⅰ期では「源人格を築く」ために、「倫理観」「愛」「勇気（チャレンジ精神）」について学年ごとに目標が掲げられています。第Ⅱ期では「志を育てる」べく、「才」「夢」「役割」を自覚して実行していきます。そして第Ⅲ期では「志を立てる」ため、社会貢献的な意志をもって行動するわけです。

この「志教育」のステップシステムを実践するうえで、新たに「志授業」と「志論文

『私の志』」というカリキュラムも加わりました。

「志授業」は第Ⅰ期から第Ⅲ期の各発達段階に応じて行う授業です。仲間と協力し限界に挑戦する「フィールド・アドベンチャー」というプログラムや、幕末や現代のチャレンジャーたちの生き方を学ぶ講座を設けています。また「志論文」も第Ⅰ期から第Ⅲ期まで九年間にわたって、自分の夢や思い、その実現にむかって努力したことを作文します。最終的には、これら九編の作文をまとめ一冊の論文集とするのです。

私たち才教学園では、人としてしっかりした基本人格ができてこそ高い志が育まれると考えています。小さいころから人間の源となる人格を築くには、教育環境をシステマティックに構築しなければなりません。そういう意味では四・四・一のステップは、人格を基礎から育てるシステムといってもいいでしょう。

「当たり前のことを当たり前にできる」環境づくり

さて教育環境のかたちを整えたら、学校現場でいかに人格を育成すればよいのか。

そこでは行動、態度において実践的指導をしなくてはなりません。その際は「ならぬことはならぬ」と子どもたちに厳しく接する必要もあります。ただし厳しくといっても、無理やり上から押さえ付けるのではありません。

大事なのは、子どもたちが「すべきこと」と「してはならないこと」を自分で判断できるようにすることです。そのためには学校側がぶれない規範をつくり、正しいふるまいがおのずと醸成されるような空間にしなくてはならないのです。

才教学園では、入学前のオリエンテーションがその第一歩となります。

オリエンテーションは、入学選抜試験の合格者と保護者それぞれに三回ないし四回にわたって行います。ここでは本校の学校使命から、教育目標、授業内容についてレクチャーします。

オリエンテーションでは、才教学園で学校生活を送るうえで必ずわかっていなくてはならないことを伝えますので、合格者も保護者も全員全回参加です。

安易な理由で参加しない場合は入学を許可しないこともありますし、オリエンテーション中に才教学園の児童生徒としてふさわしくないとみなした場合は合格を取り消すこともありえます。それほどオリエンテーションは、才教生として踏み出すために不可欠なものなのです。

オリエンテーションの中でとくに時間をかけるのは、「学校生活や日常生活で当たり前のことを当たり前にできるようになろう」という指導です。

では「当たり前にできる」ようにしたいことの何点かを次に紹介します。

◈挨拶

挨拶はコミュニケーションの始まりです。どんな人とも挨拶から始まって、人間関係が築かれていきます。ですから挨拶というのは、礼儀として大切であるとともに、コミュニケーション能力を高めるためにも欠かしてはならないものなのです。

開校時に、テレビ松本の佐藤社長から、「挨拶のできる人を育てる教育をしてください」と言われたことがあります。そのことは、挨拶ができるということが一人前の社会人としていかに大切かということと、きちんとした挨拶ができるようになる、ということがいかに難しいかということを物語っています。

挨拶には、その人の人柄や育った家風があらわれます。伝統・文化も挨拶にあらわれます。才教学園の校風も子どもたちの挨拶の中にあらわれます。

小さいときは無邪気で元気な挨拶がいい。成長するにしたがってやさしさや、奥ゆかしさ、品格を感じさせる挨拶ができるような校風でありたいと思います。

本校の子どもたちは挨拶が良くできています。人と人との関係における信頼、親しみがなければ挨拶は続きません。もうひとつは、みんながするという環境が必要です。

才教学園では、授業は、「お願いします」「ありがとうございました」で終わります。先生も「お願いします」「ありがとうございました」と言います。教師も子どもたちから学ぶことがたくさんあるのです。柔道・剣道の試合のとき、おたがいが「お願いします」で始まり、「ありがとうございました」で終わるのと同じだと考えています。

それから、学校内の人だけでなく、学校を訪れた外部の方にも「こんにちは」と言うように教えています。これは学校の外でも同じです。だれに対しても、元気よく「おはようございます」「こんにちは」と挨拶をするようにと言っているのです。

ある小学生の子どもの話ですが、その子が通学時に毎朝乗るバスには、男子高校生のグループがいました。

その高校生グループは、ツッパリ風の見た目が怖そうな感じで、「あのお兄さんたちに挨拶しなくちゃ」と思いつつもできなかったのだそうです。でも、学校では「外でもちゃんと挨拶をしなさい」と言われている、どうしよう、どうしようと悩んでいました。

そんなある日、ドキドキしながら思いきって「おはようございます」と言ったら、高校生たちは照れ臭そうにニコッとして「おはよう」と返してくれたのだそうです。「ああ、やっぱり挨拶してよかった!」なんていう微笑ましい話も耳に入ってきます。

ありとあらゆる人間関係は、気持ちのいい挨拶からスタートするのです。

◈言葉遣い

正しく美しい言葉遣い。相手が元気になる言葉遣い。これも才教生なら「できて当たり前」にしたいことのひとつです。

オリエンテーションでは、「言葉の持つ力」ということから話をしています。

自分が放つ言葉は、相手に大きな影響を与えるものです。言葉ひとつで、相手は傷つくこともありますし、元気づけられることもあります。だから「たった一言が人の心を傷つける。たった一言が人の心を暖める」と言っているのです。

才教学園では、うざい、死ね、むかつく、きもい、チクる、バカ、ブス、デブといった類の言葉は、使わないように指導しています。

うざいとか、むかつくというのは、一般に小学生、中学生の間では普通に使われているのだと思います。現に中学から入学してくる子どもたちは、小学校で日常的に使っていたので、切り替えるのがなかなか大変なようです。

しかし、言葉は心のあらわれです。これも子どもたちが、「そうか、きれいな言葉遣いをすれば、おたがいに気持ちがいいんだ」と納得できるまで、繰り返し指導をします。特別に話し方の時間のようなものは設けていませんが、私も担任の教師たちも、折に触れて言葉の大切さについて語っているのです。教師の児童生徒に対する呼び方も、「〜君」「〜さん」と相手の人格を尊重した呼び方をします。

入学選抜試験に通り、オリエンテーションを受け、入学してきた子どもたちといえども、最初のうちは完璧にできるわけではありません。それでも数週間、数カ月と経つうちに、きちんとした言葉遣いができるようになってきます。新小学一年生でも、家で「です、ます」という言葉が自然と出てきて、親御さんのほうがびっくりしたという声も聞きます。言葉は、習慣づければおのずと身につくものなのです。

◈廊下と階段の歩き方

校舎の中では走らないというのは、これもまた当然のことです。

なぜなら廊下や階段はいわゆるパブリックスペースであって、ふざけたり、騒いだり、走り回って、他人に迷惑をかけてはいけないからです。

もしも走っている子どもがいたら、教師が走り出したところまで連れ戻して、歩き直しをさせます。廊下や階段などで大きな声でワイワイガヤガヤしていたら、教師は毅然と注意をしますし、他の子どもたちも「静かにしよう」と臆せず言います。

廊下と階段の歩き方は、オリエンテーションでも実際に練習をして、「これが当たり前」だということをしっかり自覚させているのです。

ちなみに才教学園では、いたるところに時計があり、チャイムは鳴らしていません。チャイムが鳴らないということは、各自が時計を見て、自律した行動をとらなければならないということです。

たとえば次の授業のために移動をするときは、さっさと準備をしなくては間に合いません。だらだらして、チャイムが鳴ってから「あっ、いけない」と廊下をバタバタ走るのは、絶対にしてはならないこと。チャイムに背中を押されて動くのではなく、自分で時間の配分をし、次の用意をして行動しなくてはならないのです。

各クラスは「三分前行動、一分前着席」ということが合い言葉になっています。授業開始三分前から準備をし、一分前には着席して授業の体制になっているということです。この短い時間にもかかわらず子どもたちはきちんとできています。

このチャイムがないことの意味は大きなものだと思います。子どもたちの時間管理の能力が著しく高まるということです。

本校を見学された方は、廊下ですれ違う子どもたちがはきはきと、「こんにちは」と挨拶するのに感心されます。また、ひとつの授業が終わると、てきぱき片づけて、整然と階段を上り下りしている様子に驚かれます。しかし、それは驚くようなことではなく、才教生にとっては「当たり前のこと」なのです。

オリエンテーションでは、挨拶、言葉遣い、廊下と階段の歩き方の他には、姿勢、話の聞き方、靴の履き方、職員室への入り方、施設の使い方、掃除の仕方、集合の仕方、整理整頓の仕方などなど、多岐にわたって指導をしています。

そして入学してからは、日々の生活を通じて、「当たり前のことを当たり前にできるようにしよう」と言い続けています。

児童生徒に求めているのは、要は「才教生らしいふるまい」です。

すべては規則のための規則ではなく、「何のためにこの決まりがあるのか」を理解させ

郵便はがき

1078790

111

料金受取人払郵便

赤坂支店承認

8454

差出有効期間
平成24年9月
9日まで

切手をお貼りになる
必要はございません。

港区赤坂1-9-15
日本自転車会館2号館7階
総合法令出版株式会社
社長 行

本書のご購入、ご愛読ありがとうございました。
今後の出版企画の参考とさせていただきますので、ぜひご意見をお聞かせください。

フリガナ お名前	性別 男・女	年齢 歳
ご住所 〒 TEL ( )		
ご職業 1.学生 2.会社員·公務員 3.会社·団体役員 4.教員 5.自営業 6.自由業 7.主婦 8.無職 9.その他( )		
E-MAILアドレス ※携帯電話のメールアドレスには対応しておりません。 メールマガジンに登録させていただきます。只今キャンペーン中! 詳しくは下記を。		

メールマガジンにご登録の方全員に、もれなく書籍1冊プレゼント!

メールマガジン「HOREI BOOK NEWS」では新刊のご案内をはじめ、キャンペーン情報や編集者のちょっとしたウラ話など、さまざまな情報を配信しております。

※書籍プレゼントご希望の方は、上記にメールアドレス、お名前、ご住所、右枠内へのチェックを必ずご記入ください。プレゼントの書籍は弊社でセレクトしたものを発送いたします。 >>>

書籍希望 □

お買い求めの本のタイトル

■お買い求めの書店名

(　　　　　　　　)市区町村 (　　　　　　　　)書店

■この本を最初に何でお知りになりましたか

□ 新聞で見て(　　　　　新聞)　□ 雑誌で見て(雑誌名　　　　　)
□ 書店で実物を見て　□ インターネットで見て　□ メールマガジンで見て
□ 人(　　　　　　　　)にすすめられて
□ その他(　　　　　　　　)

■お買い求めの動機は何ですか(複数回答も可)

□ この著者の作品が好きだから　□ 興味のあるテーマだったから
□ タイトルに惹かれて　□ 装丁に惹かれて　□ 帯の文章に惹かれて
□ その他(　　　　　　　　)

■この本について感想をお聞かせください

(内容、カバー・本文デザイン、タイトル、価格など)

■最近、お読みになった本で面白かったものは何ですか?

■取り上げてほしいテーマ、ご意見があればお書きください

ご協力ありがとうございました。ご感想を匿名で広告等に掲載させていただくことがございます。ご了承ください。なお、いただいた情報を、上記の小社の目的以外に使用することはありません。

CD対談

七田 眞のCD対談

ここでしか聴けない
“成功者の秘訣”をズバリ聞き出す！

右脳開発のパイオニア・七田眞が
話題の成功者を招いてインタビュー。

CD 2枚組み・小冊子付き　各￥5000

vol.1	『夢をかなえる人生の知恵』（品切中）	ゲスト：本田 健
vol.2	『心を動かし、人を導く』（在庫僅少）	ゲスト：木下 晴弘
vol.3	『夢の実現の加速法』	ゲスト：望月 俊孝
vol.4	『「自分」に発見する生き方のヒント』	ゲスト：衛藤 信之
vol.5	『「しあわせのコツ」で人生の花開く』	ゲスト：小俣 和美 小俣 貫太
vol.6	『成功への道程、次代への課題』	ゲスト：神田 昌典
vol.7	『「腹の主」の声を聞いて生きる』	ゲスト：片岡 鶴太郎
vol.8	『読書が導く成功の道』	ゲスト：土井 英司
vol.9	『「ツキ」と「運」の成功法則』（品切中）	ゲスト：西田 文郎
vol.10	『ネットビジネス 達人への道』	ゲスト：岩元 貴久
vol.11	『ワタミ流　夢のかなえ方』	ゲスト：渡邉 美樹
vol.12	『生きる勇気と希望をもたらすエドガー・ケイシー』	ゲスト：光田 秀
vol.13	『心を映し出す「鏡の法則」』	ゲスト：野口 嘉則
vol.14	『新しい日本の教育を考える』	ゲスト：濤川 栄太

古田英明のCD対談シリーズ

古田英明が聞く　経営者の軌跡

vol.1	『鬼塚喜八郎の成功への哲学』	ゲスト：鬼塚 喜八郎
vol.2	『伊藤雅俊の商人の矜持』	ゲスト：伊藤 雅俊
vol.3	『船井哲良の成長への情熱』	ゲスト：船井 哲良

※ お申し込みは電話またはFAXで、弊社までご注文ください。

ドラッカーが教える
営業プロフェッショナルの条件

長田 周三／著　¥1365

ドラッカーが残した名言は、営業パーソンにも多くの示唆を与える。営業一筋で活躍した著者がドラッカーの多くの著作から、「気づき」を与える名言を引用して解説したドラッカーの入門書！

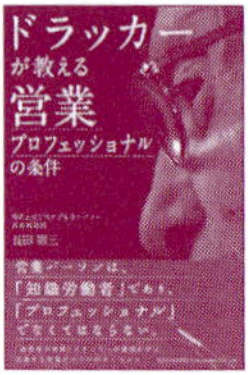

ドラッカーが教える
実践マーケティング戦略

早嶋 聡史／著　¥1365

ドラッカーの膨大な著作の中から、経営の中核をなす重要なテーマであるマーケティングに関わる名言を厳選して引用。著者がそのエッセンスを図解や最近の事例を交えてわかりやすく解説！

ビジネスバイブル
ポーター教授『競争の戦略』入門

グローバルタスクフォース／著　¥1890

世界19カ国語で翻訳され、多くの経営者たちから絶大な評価を受けているマイケル・ポーターの名著『競争の戦略』の入門ガイド。難解な原著を平易な表現、図解、イラストでわかりやすく解説。

すぐに役立つ
中国人とうまくつきあう実践テクニック

吉村 章／著　¥1365

中国ビジネスに携わっているビジネスパーソンにとって、知らなくてはならない、知っておくと有利な中国人とのつきあい方を解説。著者自身の豊富な経験に基づいた、文字通り「実践」的な内容が満載。

ビジネススクールでは学べない
取締役の教科書

柳楽 仁史／著　¥1575

多くの企業のコンサルティング、取締役研修を手がけてきた、船井総合研究所の執行役員の著者による、取締役として知らなくてはならない知識、心得、ノウハウ。

たうえで、「ならぬことはならぬ」と戒めています。それによって子どもたちは、自分で「すべきこと」と「してはならないこと」を判断できるようになるのです。

「当たり前にできるようになる」ということは、実はそう簡単なことではありません。私たちの求めるものは、それが定着することによって備わる凛とした「品格」です。

学校が安全な空間であってこそ子どもは強くなる

才教学園では、携帯電話の所持を禁止していますし、制服の着方、身だしなみについてもいろいろな決まりがあります。スクールバスの乗り方にもルールがあり、電車通学の児童生徒には、電車利用の際の注意事項をいくつか定めています。さらにＣＤ、ゲーム、マンガを持ってくるのも禁じています。

こう聞くと、子どもにとっては少々窮屈なのではないかと思われるかもしれません。

ところが、これだけ規範がありながら、子どもたちは皆のびのびと学校生活を送っています。

規則に縛られて、堅苦しいようすはまったくありません。むしろ学校が大好きで、楽しくてしようがない。実際に視察に訪れた方はみなさん納得されますが、どの子どもも活気にあふれていて、元気いっぱいで過ごしているのです。

その理由はどこにあるのかというと、学校が安全な空間であるからだと思います。安全な空間とは、〝約束がきちんと守られる場所〟、言い換えると、〝正義が通る場所〟ということです。

これを実現するのは、生易しいものではありません。相当な決意をもってしなければできません。しかし、そのような正しさが堂々と通る環境ができれば、子供たちの能力がすばらしく開花することになります。

いま日本の子供たちを取り巻く環境でもっとも深刻なのはいじめの問題です。

いじめは、屈折した心の現れです。

いじめるものの心には、「うらやましい」「悔しい」「情けない」のような、自分に向かった心情があるはずです。どんなに自分を正当化しても、どこか自暴自棄になっているように思われます。それはいじめる者の心の弱さとも言えます。

また、いじめというのは、社会のひずみからくる現象とも言えます。

いじめをなくすには、社会全体が、「いじめは卑怯な振る舞い」であるということ、「人として恥ずかしいこと」、という意識を育てることが必要です。

その反対の、「人を馬鹿にしない」「弱きを助ける」「そんなくだらないことは絶対しない」という思いの根底にあるものは、「誇り」です。

いじめをする者が、心の弱い人、卑怯な者ならば、反対は、心の強い人、正義を貫ける人、誇り高き人ということになります。

私は、子供たちにもっと人としての「誇り」「自尊心」を教える必要があると思います。

本校では、オリエンテーション、学級活動で、しっかり時間を割いて考えさせています。まず何がいじめなのか、無意識のうちに人を傷つけていないか、振り返りをさせます。そして、もしもいじめがあったら、傍観者はいじめている子と同じであり、「悪いことは悪いと言う勇気が必要」と指導しています。

授業中でも、子ども同士で活発に発言し、自分の考えを遠慮なく言っています。「こんなこと言ったらヘンだと思われるかな」とか、「間違えたことを言ったら恥ずかしいな」と気にしたりしません。そこで反対意見は出るかもしれないけれど、非難されたり、馬鹿にされたりしないとわかっているからです。学校で何の心配もなく、自己を発揮し表現できるのは、子どもにとってこれほどうれしいことはありません。

そうはいっても、多感な子どもたちは、人のことが気になりますし、他人との意見の食い違いはどうしたって起こるものです。

本校の子どもたちでも、グループができたり、小さないざこざは発生します。たとえば年間行事の準備では、熱が入って言い合いになったりします。

そうしたぶつかり合いは、人間関係の絆を深めるためにあってもいいのです。人と自分の意見の差異を知るのは、必要な経験です。大事なことは、それを陰湿ないじめにつなげないことです。たがいの違いを認識し、たとえケンカをしても、お互いに相手を尊重し認め合うことを学んでいかなければならないのです。

世の中には「いじめを経験したほうが強くなるんじゃないか」という考えもあるかもしれませんが、私はそうは思いません。子供のころは、正しさを貫くことで、大きな器となる骨格を造ることが大切で、姑息な処世術を覚える必要はないと思います。

本校では「してはいけないこと」を定めて、自らを律するための約束事がたくさんあります。

ところが昨今は、挨拶も、言葉も、身だしなみも、個人の自由に任されています。大人がきっぱりと叱れないため、何をやっても許されており、そんな環境でいじめも看過され

ています。そうするとどうなるかというと、精神は脆弱になり、人間関係に怯えて消耗しきってしまいます。これでは高い志は育ちようがありません。

学校が安全な空間を維持したうえで、「ならぬことはならぬ」としっかり心に刻むことが、リーダーとして育つために大切なことです。

創設から六年、本校の子どもたちは心も身体ものびやかに成長し、ひ弱さはどこにも見受けられません。

それは何が正しく、何が間違っているか、基準がしっかりしていて、正しさを貫く中で強い心を養っているからだと思います。

このように、誇りを育てる環境こそが、子どもを強くすると確信しています。

理念を共有でき、志のある教師と同じ船に乗る

ここまで述べたように、才教学園は児童生徒の人格形成に力を注いできました。

きちんと挨拶をする、親や先生を敬う、相手を思いやる、時間や約束を守る、美しい言葉遣いで話す、身だしなみに気をつける、卑怯な振る舞いをしない。

それらが「当たり前のこと」になっている教育環境であり続けるためには、いうまでもなく教師の指導が重要です。

才教学園の理念を児童生徒にくまなく浸透させるには、全教職員の指導方針が一致していなくてはなりません。ある先生は「いい」と言ったのに、別の先生は「だめ」と言ったのでは、子どもたちは混乱しますし、それでは易きに流れてしまうからです。

そこで重視しているのが、教師の新規採用試験です。

採用試験では、筆記試験や面接で、本校の学校理念を理解しているかをじっくりと見極めます。筆記試験や経歴がどんなに優秀でも、本校の方針にそぐわないとみなした人は採るわけはいきません。いろいろな実践的な試験をし、総合的に観察しつつ、まずはその人の価値観や教育観を見るわけです。

そして採用が決まった人は、着任前に研修会に参加してもらいます。

研修会では、私が講師となって、あらためて本校の理念と方針を説明します。

「みなさんには才教学園の教員として本気になってほしい。本校のビジョンを共有し、使命感をもって教育にあたってほしい」

「志教育」を実践してもらうため、本校の教師としての心がまえを伝えているのです。

研修会の内容は、話し方の実習から、教育問題の講義とグループディスカッション、才教学園の学校使命や教育目標についての学習とプレゼンテーション、授業見学、学校の安全な環境についての話し合い、校風についてのまとめ、教師像についてなど。「志教育」を遂行できる教師となるべく、詳細な研修を実行しているのです。

私は、新任の教員には必ずこのように言います。

「私たちは、創設した年から確たる理念に基づいて学校を運営してきました。あなたが本校にとって適切な人であるかどうか一年間しっかり見させてもらいます。同時にあなたも、自分の人生をかけて働くに値する場所なのかどうか、よく考えながら勤めてほしい」

数は少ないですが、なかには一年を経過して辞めていく人もいます。

たとえば自由放任をよしとして児童生徒を放っておくような人は、本校の教師としてふさわしくありません。それは教育方針の根本がずれているので、学校にとっても本人にとっても、おたがいに有益ではないのです。

もちろん複数年勤務している教員も同じように研修を行います。毎年新しいことが起きますので、全校が一致するためにいつも確認をしていかなければなりません。また、自分のクラスの児童生徒だけでなく、すべての児童生徒に目を向けられるように、絶えず理念と教育目標を意識し、易きに流されず、子どもたちをいっそう高い所に引き上げていけるようにしています。

教師の評価方法もそういう観点を大切にした、本校独自のものです。教師は、いつも厳しく自分をチェックし、研鑽を積み重ねていかなければなりません。生徒は教師の鏡。自分の未熟さによるものを、生徒のせいにしてはならないのです。

現在の教師陣には、社会人経験の豊富な先生が何人もいます。教育に疑問を感じ、一時は教師を見限った先生で、本校の教師となって活き活きと働いている人もいます。本校では、高い意欲、情熱、知識を備え、理念を共有できる人たちが教育に携わっているのです。

全校一丸となって進めている「志教育」

本校を視察された教育関係者のみなさんからは、教職員が一体化し、意思統一がはかられていることに対して、よくおほめの言葉をいただきます。

私は才教学園を創るときから、教師全員がひとつにならなければ、学校使命と教育目標の実現はかなわないと思っていました。だから採用試験、研修、評価のプロセスを通して人物を見極め、常に認識を共有すべくつとめているのです。

日常の職員会議では、それぞれの教師が学習指導、生徒指導において才教学園の理念とかい離していないかどうかをチェックします。そこでは子どもの身だしなみ、時間指導、給食指導、登下校指導、清掃の仕方、挨拶、名前の呼び方にいたるまで、全職員が一致しているかどうかも確認しています。

私はいつも、教師には「子どもたちを大切に育てるように」と強調しています。「大切に」というのは甘やかすことではありません。すべての子どもたちと本気で向き合い、「だめなものはだめ」と指導して、本当に強い子を育てるということです。

たとえば自分が担任をしているクラスの児童の指導はしても、他のクラスの児童には何も言わないようでは困ります。廊下を走っている子がいたとしたら、他のクラスの子どもだろうと、別の学年の子どもだろうと、すかさず呼び止めて注意をする。才教学園の教育方針に基づいて、いけないことは「いけない」とはっきり叱れる教師でなければならないのです。

そこで私がもうひとつ、常々言っているのは「丁寧語を使おう」ということです。

私は教師に対し、社会を牽引するパイオニアとなるべく人格を育成するため、子どもに厳しく指導することを求めています。しかしながら威圧的な言葉遣いをしたり、ぞんざいな態度をとったら、子どもは納得しないでしょう。ですから「敬語を使う必要はないけれど、丁寧語は使いなさい。子どもの人格を認めた言葉で接しなさい」と言っているのです。

教師が丁寧な言葉を使えば、子どもたちも素直になって、正しい言葉遣いで応えるようになります。とはいえ、教師もいついかなるときも杓子定規に「です、ます」で話しかけているわけではなく、臨機応変に「こうしようね」とか「こうしなさい」といった言葉も使っています。つまりはたがいの信頼関係を築くためにも、教師が率先して、できるだけきちんとした言葉遣いを示そうということです。

本校の教師は、学習指導においては明確な実績をあげています。実際にどの教科も、模試の得点では、全国平均をはるかに上回っています。しかし最も大事なのは、才教学園の理念に共感して、人間教育のうえで一致できる教師であるかどうかです。

創立から六年が過ぎて今、モチベーションが高く、幅広く深い知識を教えることができる教師が集まってきました。

教師たちは、子どもの可能性を最大限に引き出すことに全力をかたむけています。そして、そんな教師たちに導かれている子どもたちは、学力も人間力もぐんぐん伸ばしています。

今日の才教学園の成果は、教師ともども全校一丸となり、子どもたちの高い志を育んできたチームワークの力によるところが大きいのです。

感動メッセージ（小学四年保護者）

リーダーをやってみたい！

「私、◯◯リーダーをやってみようかな」。こんな言葉を子どもから聞くようになり、驚いています。引っ込み思案で思ったことの半分も言えないような子だと思っていたので、その言葉を聞いたときはびっくりしてしまいました。これはまさに才教生活のたまものかと思います。

授業の中では発表する場がたくさんありますし、さいきょう祭のように大舞台での自己表現の場もあります。

まわりの友だちは皆、授業中にも手をあげ、どんどんと自分の意見を言い、それを先生も友だちもよく聞いてくれます。そんな習慣やまわりの雰囲気が「リーダーをやってみたい！」というような、積極的なことを思える考えにも変えてくれたのだと思います。

正しいことは正しいと皆で認め合い、おたがいに高めていくことができるすばらしい環境だと思います。

これからの成長がますます楽しみです。

感動メッセージ（小学三年保護者）

人間関係を学んでいる娘

娘も才教学園に通い始めて早いもので三年生になりました。中学年になり、友人関係も複雑になりました。そのため、生まれて初めて女の子同士のもめごとに関わることがありました。

事実確認のため、担任の先生が該当した生徒一人一人を呼んで、話を聞かれたそうです。娘は、先生に「自分はどうしたかったか」を話したそうです。それを聞いてくださり、「つらかったね」とおっしゃって、ぎゅっと抱きしめてくれたそうです。

帰宅して娘から話を聞きました。その後に担任の先生からもお電話がありました。先生が理解と愛情を示してくださったので、翌日から気をとり直してまた元気に登校することができました。本当にありがとうございました。

女の子の友人関係は、年が上がるごとに複雑になっています。でも摩擦を恐れていては人間が成長できません。これから高学年に上がるにつれ、いろいろともめごとはあるかと思いますが、それも人間関係を学ぶ大事なことです。

先生方はよく生徒を見てくださっていて、安心して学校へ出せる毎日です。

感謝しております。

感動メッセージ（小学二年保護者）

注意してくれてありがとう

一学期の授業参観での出来事です。「ありがとう」をテーマに、お友だちにされて嬉しかったことを発表し、「ありがとう」を直接伝えるという内容の授業でした。

多くの子が、困っていたときに助けてくれたこと、仲良くしてくれること、手伝ってくれたこと等に感謝を述べる中、我が子が発表したひとつに「○○君へ。僕が掃除の時間におしゃべりをしてしまったときに注意してくれてありがとう」というものがありました。

いけないことをしてしまったとき、遠慮せず注意してくれる友だちがいること、それを素直に受け止めることができ、感謝の気持ちまで持つことができた息子に感動しました。

感動メッセージ（小学二年保護者）

自信を取り戻した我が子

幼稚園のとき、戦いもののテレビを見ていないことでいじめられたり、仲間に入れてもらえないこともありました。しかし才教ではテレビの話題ではなく、読んだ本のこと、ニュースのことが話題になるようで、毎日が楽しく「休みたくない。毎日が学校で土日がないほうがいい」といつも言っています。我が子が苦手なサッカーに誘われて参加しないことがあっても、それで仲間はずれをすることもなく、「じゃ、R君のできるルールに変えよう」とか、「他の遊びにしようか」という場面もあり、友人同士のあたたかい絆を感じ、すばらしいと思いました。

Rは疑問に感じたり、気になると追求しなくては気がすまない性格ですが、先生方がそれを熟知し、「すばらしい性格」とほめてくださって、その性格が上手く伸びるようサポートしてくださり、とても嬉しかったです。才教に来る前、幼稚園の先生方に「Rちゃんは他の子と比べて変だ、おかしい、子どもらしくない」と奇異な目で見られ、Rも登園拒否をしてしまいました。ひどいときは吐いたり、頭痛を訴えることもあり、年長はほとんど休んで過ごし、楽しくない苦しい園時代でした。しかし才教ではうってかわり、熱があっても「学校へ行きたい」と言う我が子をなだめすかし、休ませるのが大変でした。自分自身を持っていなかったRも少しずつ自信を取り戻し、大変積極的になり、感謝でいっぱいです。

感動メッセージ（小学二年保護者）

あなたたちはどこの小学校の子？

次男、長女が才教学園に入学して間もないころ、学校で「あいさつ」をしっかりできるようにと先生方に指導していただいたおかげでしょうか、最初のころは声も小さく恥ずかしそうに言っていたあいさつも、大きな声で言えるようになりました。

ある日、いつものように車で帰宅途中「道の駅」でお手洗いに寄りました。

ちょうどトイレは清掃中で「どうしようかな？」と思っていたら、掃除中のおばさん方が「どうぞ～」と言ってくださったときに、次男、長女は「ありがとうございます」と大きな声で、そしてトイレを出るときに、今度は「掃除中にトイレをかしていただいてありがとうございました」とペコリ。頭を下げました。

おばさん方は「えっ！　あなたたちはどこの小学校の子？　その制服は？　すごいね、どんな教育をしているところなの？」とたくさん質問されました（笑）。わたしも驚いてしまいました。

感動メッセージ（小学一年保護者）

友達と認め合い、高め合う

今、体育の授業で跳び箱をクラスで頑張っているとのこと。その様子をいつも家で話してくれています。

「ぼくが跳ぶとき、友達が応援してくれたのが嬉しかった。跳べたとき、友達がすごく喜んでくれたのが嬉しかった。ぼくも友達が跳ぶとき応援した。友達が跳べたとき嬉しかった」

と聞いたとき、嬉しい気持ちを心から分かち合い、心も成長していることに、親の私も嬉しく思いました。

「○○君は漢字が得意で、いつも教えてくれる漢字博士なんだよ。△△君は英語がすごく得意なんだよ。ぼくは図工が好きだから、もっともっと頑張りたい」と、日々、友達と高め合っている姿が才教の素晴らしさだと思います。

先日、夕食のとき、突然「才教にいけてよかった〜」と我が子が言ったとき、親としても「才教に入学してよかったんだ」と思うことができました。これから先も、親子共に高い志を持ち、一日一日を大切にしていきたいと思います。

感動メッセージ（小学一年生保護者）

自分の目標を立てられるように

一一月の全国模試が終わって帰ったときは、自信たっぷりで「百点だったらどうしよう」などと言っていたのですが、結果を見て大ショック。「こんなはずでは」と落ち込んでしまいました。年末の通知表を見てまたまた大ショック。反省したようでした。「三学期は心を入れ替えて頑張る！」と目標を決めて、模試に、検定に、学校生活に一生懸命頑張っているようです。「模試ってなあに？　成績ってなあに？」と言っていた四月から比べると、ずいぶん成長を感じます。努力が点数にあらわれるところもわかりやすいらしく、自分なりの目標を立てられるようになりました。すごいと思います。

勉強のみならず、人間としてやさしい心、思いやりを持つこと、創意工夫をすること、前向きに進んでいくことなど、頭でっかちにならず、身につけていってくれればと思います。

第4章

魂が打ち震える感動体験が高い志を生む

徹底的に勝ち負けにこだわり体と心を鍛える体育祭

才教学園では、小学校・中学校のあらゆる教育課程において、感動を数多く体験できるカリキュラムを組んでいます。

なぜ教育に感動が必要なのでしょうか。

志の生命力を芽吹かせるものは感動です。環境を整え、「志を持とう」と言葉で伝えただけでは、子どもの心の中に志が生まれるとは限りません。

魂が打ち震えるような感動を体験することで、人間がだれしも備えている心の中の善なるものに触れ、やがて志の開花につながっていきます。喜び、泣き、笑い、自らの成長を実感できる瞬間を刻むことは、将来の高い志を育む礎となります。感動こそが、生命力の発露であり、人を成長させる種子といってもいいかもしれません。

本校では、感動は日々の学習でも味わっています。自らハードルを設定させ、越えたときには大きな喜びや達成感が待っています。あるいは理科実験や社会見学などの実体験を通しても、知識が身につく楽しさを体感しています。

このように感動を得る機会はたくさんありますが、最たるものが三大行事です。

体育祭（六月）

さいきょう祭（十月）

プレゼンテーション・コンテスト（一月）

本校の体育祭は、徹底的に勝ち負けにこだわるのが特徴です。

小学校の一年生から中学校の三年生まで、縦割で赤組と白組に分かれ、チームの勝利のために全力を尽くします。出場する種目では限界まで力を出し切り、勝負にすべてをかけるのが本校の体育の祭典なのです。

小中合同のチームですから、小学生は頼もしい中学生のお兄さんやお姉さんに尊敬の気持ちを抱き、中学生は小学生の面倒をよく見て、たがいに団結します。

体育祭が近づくと、放課後、小学生と中学生が自主的にチーム練習をしている光景が見られます。団体種目は、みんなで作戦を練りチームプレーの精度を高めなくてはならないからです。

そして、いよいよ体育祭当日。

赤白両軍キャプテンの「正々堂々と全力を尽くして戦います」という選手宣誓、気合いのこもった応援合戦のあと、熱戦の火ぶたが切って落とされます。

校庭には土埃が舞い上がり、響き渡るのは大声援。種目によっては、体操着が真っ黒になるのものともせず、全員がチームの勝利のために戦います。

名物種目の「タイヤとり」は、タイヤをたがいに自陣まで引き合うのですが、最後の一個のタイヤをめぐってドラマが生まれます。引きずられ、土だらけになりながらも、タイヤに食らいつき諦めなかった生徒には、賞賛の拍手が鳴りやみません。保護者席にびっしりと居並ぶ親御さんたちも、手に汗握るほどの迫力です。

他には、徒競争、綱引き、全員リレーなど特に特徴的な種目はありませんが、徹底して勝負にこだわる戦いに観客は釘付けになるほどの迫力です。

そうして激闘のすえに、勝ったチームは喜びを大爆発。負けたチームは、涙をぽろぽろこぼして悔しがります。

普通、中学生にもなれば、学校の行事で泣くことなどあまりないと思います。ところが中学生はチームメートの小学生をいたわり、自分も涙を流しながら慰めたりしています。

白組勝利

負けたチームの中学三年生のキャプテンの「勝てなかったけれど、みんなよく頑張った。ありがとう！」の言葉には、再び涙、涙。やがて勝った者も負けた者も、たがいの健闘をたたえ合い、そこに大きな感動がわき起こるのです。

徹底して勝負にこだわる体育祭は、勝者と敗者の明暗がくっきりと分かれるものです。負けたチームの者は、敗北感に打ちひしがれるほどです。しかし、だからこそ子どもたちを限りなく成長させるのです。

この勝ち負けに徹する体育祭のスタイルは、創立初年度から続けています。みんなで仲良く手をつないで駆けっこといったようなかたちでは、何も得られないですし、何よりも本物の感動を体験することはできないと思います。

勝っても負けても涙を流す。そこに人間が持っている純粋な心があらわれてきます。これを知らずに、肯定的な考えは生まれません。

世のため、人のために尽くそうという前向きな志は、感動の積み重ねによって芽生えてきます。体育祭はそのきっかけづくりの一端を担っているのです。

さいきょう祭で自らが人に感動を与える喜びを知る

秋になると、さいきょう祭と呼ぶ文化祭がやってきます。

さいきょう祭では、全校が学年ごとに合唱や合奏、ミュージカルなどを披露します。毎年、音楽の専科教師が中心になり、その年の演目を決めます。そして音楽や演技が得意な子も苦手な子も、たがいに協力してひとつの作品を作り上げるのです。

この時期に練習している教室を覗くと、火花が飛び散るような熱気にあふれています。

指導をする音楽教師の、

「そうじゃないでしょ。もっときれいに！　もっと表情をつけて！　このままではステージに立てませんよ。はい、もう一回！」

厳しく指導する声が聞こえてきます。

また小学校の高学年、中学生になると気恥ずかしさも出てきます。

「もっと大きな声でセリフを言おうよ！」

「言っているよ」

「みんな、本気にならないと本番までに間に合わないよ！」

真剣に練習するがゆえに、そんなぶつかり合いもしばしば起こります。

なかには、泣きながら演奏している子もいますし、家に帰っても、夜遅くまで歌やセリフを覚えたりしている子どももたくさんいます。こうして、ときには激論を交わしたり、泣いたり、落ち込んだりしながらも、本番には団結して、みごとな演奏や演技を見せてくれるのです。

平成二二年（二〇一〇年）の第六回さいきょう祭では、中学二年生が自ら脚本を書き演出したミュージカルに挑戦しました。

チャレンジしようという意気込みはよいのですが、ハードルは高かったようです。練習を始めたときは、セリフに感情を込めなくてはいけない、表情に気をつけなくてはいけない、舞台を大きく使わなければいけないなど、苦労、苦労の連続でした。

しかし、さいきょう祭が近づくにつれて、みんな役になりきって、ミュージカルの世界に入り込んでいきました。そして本番を迎え、フィナーレの子どもたちの表情には、多くの辛苦を体験したからこその最高の笑顔がはじけたのです。

さいきょう祭は、市内の大きなコンサートホールで開催しています。

図23　平成22年度さいきょう祭プログラム

9:15　開場
9:50　開会式
　学校長挨拶
　実行委員長挨拶

10:00　【午前の部　開演】
1. 音楽劇「めざせ！　宝島」　：小学1年
2. 合奏「ペルシャの市場にて」　：小学3年
3. 「新生」　：フルート部
4. 「笑顔と感動のステージ」　：合唱部
——休憩——
5. 音楽劇「くるみ割り人形」　：小学2年
6. ファンタスティックショー
「5つの星の物語」　：中学1年
7. 音楽劇「空の　ふ・し・ぎ」　：小学6年
——お昼休憩——
12:45　【午後の部　開演】
8. 合奏「ぼくたちの冒険物語〜ドラゴンクエスト・メドレー」
：小学4・5年
9. 合唱「The Rose」、「Joyful Joyful」　：中学3年
10. 卒音ステージ　：小学6年
11. 合唱劇「こんにちは　モーツァルト」　：小学5年
——休憩——
12. 音楽劇「青春カンタービレ〜想いを一つに〜」　：中学2年
13. 合唱「ふるさとの四季」　：小学3・4年
14. 合奏「スターウォーズメドレー」
「ラプソディー・イン・ブルー」　：中学3年
15. 中学生合同合唱　：中学1・2・3年
16. 全校合唱　：全校

15:20　閉会式
15:30　終了

ですから、照明器具や音響設備も整ったところで、レベルの高いステージづくりを目標としています。そのような場にふさわしい演奏や演技をすべく、子どもたちは考え、話し合い、修正し、練習を重ねて、作品を仕上げているわけです。

上演する者のいちばんの喜びは、来客の方々に感動してもらうことです。保護者や祖父母、親戚や知人の方々、来場したすべての方に、「すばらしい！　来てよかった！」と喜んでもらえるような、作品を目指しています。自分たちが、自己満足のために楽しむのではありません。大切な人たちに、感謝の気持ちも込めて、日ごろの練習の成果を見てもらうのです。

それだけ意欲を持ってやっていますから、非常に質の高い舞台となります。

おそらく、全国私立小中学の文化祭のなかでも、かなりハイレベルと言ってよいのではないかと思います。そのため親御さんたちは、我が子が出ている演目だけでなく、ほかの学年の作品も食い入るように鑑賞しています。

また、おじいさん、おばあさんも孫の晴れ舞台を見ようということで、たくさん来られていますが、毎年楽しみにしてくださっています。「長生きする目的ができた」とおっしゃる方もいます。

保護者ばかりでなく、地元の来賓の方たちからは「これはプロですね」と言われるほどです。実際に児童劇団と遜色ないくらい練習もしていますし、プロはだしの出来になるまで、子どもたちは懸命に努力しているのです。

子どもも、客席から大きな拍手をもらえれば、いやがおうでも意識は高まるというもの。「ひとつ上の学年は前年、あんなにすごい作品を作り上げた。今年は自分たちもできるはずだ」という気持ちになるので、年々レベルアップしているのです。

さいきょう祭で観客の方々に感動してもらい、人に感動してもらうことによって、わき上がってくる自らの達成感ははかり知れないほど大きなものです。

この体験は、本校の子どもたちにとって、将来の糧となるに違いありません。

小学一年生は初めてのさいきょう祭で、自分の役割を果たすことを覚えます。年が明けて受験が待ち受けている中学三年生も、もちろん全力で参加しています。それぞれが、ひとつひとつハードルを乗り越えて、手にした称賛は一生の宝となるでしょう。

感動を分かち合うプレゼンテーション・コンテスト

プレゼンテーション・コンテストは、その名の通り、プレゼンテーション力を磨く本校ならではの行事です。

平成二二年（二〇一〇年）は、小学校四年生から中学校一年生まで、各学年四チームないし八チームで予選を実施しています。この予選を勝ち抜いた八チームが本選に出場。これも市内有数の大きなホールにて、来賓の方々、全校児童生徒、保護者の方々の前でプレゼンテーションを行いました。

中学校二年生は別の日に「修学旅行報告会」として海外で調べてきたことを発表する機会があります。

プレゼンテーション・コンテストも創立一年目から継続している行事です。

プレゼンテーション力を身につけさせるのは、日本人は基本的に人前でしゃべるのが苦手であるというのがひとつ。これから国際社会に羽ばたいていくときに、大きなステージで発言するのが苦手であるのは大いにマイナスだと思ったからです。

それと、もうひとつの理由としては、コミュニケーション力を伸ばしたいという意味合いもあります。

いうなれば自らが感動したことや、発見した価値などを伝えるのがプレゼンテーションです。つまりプレゼンテーションとは、「これはすごい」とか「これはいいな」と感じた事柄を、人とシェアし合うということ。自分が見つけ、調べたものを、みんなで分かち合うのが本来のプレゼンテーションだと思うのです。

このように考えると、コミュニケーション力が低下しがちな今の子どもたちにとっては、プレゼンテーションをする機会は良いトレーニングになるはずです。

人に対し、自分の思いをかみ砕いて、相手にわかるようにプレゼンすることで、人間関係の絆は築かれていくからです。

私は、そうした練習は小さいうちから行うことが大切だと思っています。

大人になって会社に入ってから人前で話をすると、どうしても格好をつけようとしてあがってしまいます。しかし、子どもは逆に面白がります。現に本校の子どもたちは、本選でメインホールの大きなステージに上がっても、張りきって楽しそうにプレゼンテーションしています。ふだんから「先達に学ぶ発表会」で慣れているのもありますが、緊張して

図 24　平成 22 年度　プレゼンテーション・コンテスト予選　テーマ

学年	グループ	テーマ
小 4		学年　テーマ　〜みんなのふるさと“長野県”〜
	1	長野県で生まれた魚とは
	2	長野県の有名食材わさびと湧水の関係
	3	コマクサは家で育てることができるか
	4	なぜ、ライチョウは長野県の県鳥になったのか
	5	カモシカはなぜ長野県の県獣になったのか
	6	クマはなぜ民家の近くに出るようになったのか
	7	長野県の山博士
小 5	1	自ら進めボランティアの道
	2	「大地震」―その時あなたは―
	3	エコと省エネからつながること
	4	生活に困っている人が、世界にたくさんいることについて・・・
小 6	1	「医師不足について〜医師をこれ以上減らさないために〜」
	2	「世界のトップに返り咲くために〜自動車と私たち〜」
	3	「航空会社に未来はあるか〜ＬＣＣと日本の航空業界について〜」
	4	「モデルが危ない〜拒食症について〜」
	5	「スキーの人口問題〜スキー人口が減っていること〜」
中 1	1	リーダーがいなければ・・・(政治家について)
	2	警察はいらない？
	3	もし病院がなくなったら・・・
	4	公務員は必要不可欠か？
	5	負の遺産から戦争を考える
	6	世界遺産の維持について
	7	ユネスコが世界遺産を保護する活動
	8	城の構造上の大変革について

図25　プレゼンテーション・コンテスト審査表

1～5の5段階評価

（5-大変良い　4-良い　3-普通　2-もう一歩　1-要努力）

最優秀賞1　優秀賞2

学年	タイトル	内容				発表			合計	備考
		しっかり調べているか	まとめのわかりやすさ	筋道が通っているか	メッセージが伝わってきたか	声の大きさ・聞き取りやすさ	発表の姿勢・態度	発表の工夫		
小4	長野県の山博士									
小4	長野県で生まれた魚とは									
小5	自ら進めボランティアの道									
小6	エコと省エネからつながること									
小6	世界のトップに返り咲くために～自動車と私たち～									
小6	安心して暮らせる社会に～医師不足問題～									
中1	もし日本に政治家がいなかったら									
中1	戦争を語る遺産～伝えていかなければならない記憶～									

いるようすはまったくありません。

毎年どのチームも書物やインターネットで調べるだけでなく、ホテル、福祉施設、病院など、テーマによって生徒自身でアポをとり取材に出かけて、現地調査やインタビューで集めたデータを加え、しっかりした内容に仕上げてきます。深い考察をもとに、聞き手にわかりやすいスライドや資料も使って、堂々と発表しているのです。

審査員は、社会や地域のさまざまな分野で活躍しておられる方々にお願いしています。審査は、表現力や論理性、声がしっかり出ていたか、メッセージが伝わってきたかなど、七項目にわたって評価します。

審査員のみなさんが毎回言われるのは、「甲乙つけがたい、点数をつけられない」。例年、僅差で最優秀賞一チーム、優秀賞二チームが選ばれているのです。

本校のプレゼンテーション・コンテストは、いわゆるプレゼンの技術習得だけを目的としているのではありません。

そうではなく自分の得た感動、価値を、大勢の人に伝えるために行っています。ですからわずかの差で最優秀賞に選ばれるのは、いつも意欲や気合いがいちばんこもっているチームです。このようにして、本校の子どもたちは、自分の感動や価値を分かち合い、分け与えることの大切さを体験しています。

ただの物見遊山ではなく目的をもった修学旅行

体育祭、さいきょう祭、プレゼンテーション・コンテストの三大行事に加え、もうひとつ大きなイベントとなるのが修学旅行です。

行き先は、原則として小学六年生は国内、中学二年生は海外。

平成二二年（二〇一〇年）度は、小学生が福島県・宮城県・栃木県、中学生はオーストラリアのケアンズに行きました。

才教学園の修学旅行は、文字通り「修学」です。ただの物見遊山ではなく体験学習と位置づけ、研修をしに行くという考えにもとづいています。必ず明確な目的を設けて、心に残る深い学習をしようというのが、本校の修学旅行なのです。

小学生の場合、大きな目的のひとつは会津藩藩校「日新館」での「什の掟」を子どもたちに実感させることです。「什の掟」は会津藩の子どもの行動規範でした。七つの教えがあり、最後に「ならぬことはならぬものです」で締めくくられています。

図 26　修学旅行の行き先

平成 17 年度　小 6・中 3 合同
　　屋久島・種子島（5 月）

平成 18 年度　小 6・中 3 合同
　　屋久島・種子島（5 月）
　中 2　オーストラリア　ケアンズ（1 月）

平成 19 年度　小 6　北海道（6 月）
　中2　オーストラリア　ケアンズ（1月）

平成 20 年度　小 6　福島県・宮城県・栃木県（6 月）
　中 2　オアフ島（H 21 年 1 月）

平成 21 年度　小 6　福島県・宮城県・栃木県（6 月）

平成 22 年度　小 6　福島県・宮城県・栃木県（6 月）
　中 3　九州・屋久島・種子島（6 月）
　＊新型インフルエンザ流行でリスク回避のため国内に変更
　中2　オーストラリア　ケアンズ（1月）

図27-1　修学旅行の目的（小学生）

1. 激動の幕末、会津の地で誇り高く武士道を貫いた少年たちが、厳しい教育を受けた「日新館」と「白虎隊」の生き方から自己発見につなげる。
2. 日本三景松島や世界遺産日光東照宮を生で見ることで、自然の美と人工の美を体感する。
3. 友達同士の協力・信頼・思いやりの心を養い、集団規律や公衆道徳を身につける。
4. 今まで、行く先々で評判になった振る舞い・態度・マナーをさらに向上させる。

図27-2　修学旅行の目的（中学生）

1. 英語圏の人々と実践的な英語を駆使して交流を深め、日頃の学習成果を発揮するとともに、海外でのコミュニケーション能力を高める。
2. 世界最古の熱帯雨林（キュランダ高原）、世界的に有名なサンゴ礁（グレートバリアリーフ）などの世界自然遺産に触れ、自然の素晴らしさを体感し、自然保護の必要性を認識し、後世に残すための方法を考察する。
3. 充分な事前学習をし、現地での調査活動を行うことで、オーストリアの文化や歴史、国民性、国家間の結びつきなどを学び、オーストラリアへの理解を深め、国際的な視点・感覚を養う。
4. 集団行動を通して、規律や公衆道徳・社会性などを高めたり、よりよい人間関係の構築や自立・責任感の育成をはかる。
5. 日本と異なる環境で、自ら積極的に行動し、自己の潜在的な力や可能性に気付き、将来に役立つ人間力を育成する。
6. 修学旅行を通じて得た知識や成果を分かりやすくまとめ、修学旅行報告会で観客の心を打つような発表を行い、プレゼンテーション能力を高める。

現地では、武道場や教室などを見学します。そこで武士道に触れ、自らを戒める自律の教えを体感するのです。また日本三景「松島」や、世界遺産「日光東照宮」などを見て、自然の美と人工の美を鑑賞します。

そして中学生の場合は、英語力を磨くことと、異文化コミュニケーション力を高めるのが最大の目的となります。

世界最古の熱帯雨林・キュランダや原住民のアボリジニとの触れ合い、大自然を体感するほか、グループごとに当地の人に英語でインタビュー（P209参照）。しっかり事前学習をして現地調査をすることで、オーストラリアの歴史や文化を学び、グローバルな視点を養うのです。

中学生は、インタビューで得た成果を、帰国してから保護者の方々や後輩たちの前で発表します。だから真剣に英語で質問し、相手の話を聞かなければならないわけです。

小学生も中学生も共通しているのは、まず行く前に旅行の目的を設定することです。さらに旅行中は毎日、その日の反省をし、明日の行動の目標も立てます。その日の自分の行動はどうだったか、明日は何をすべきか、きちんと整理して書き出すのです。

また修学旅行は学びの場であるとともに、才教生らしいふるまいが旅行先でもできるかどうかが試されます。バスや飛行機の中で騒いだり、ほかの人の迷惑になるような言動も慎まなくてはなりません。

以上のように、本校の修学旅行は、自己鍛錬の旅行といってもいいかもしれません。決して楽な修学旅行ではありませんが、だからこそ子どもたちはそれぞれが何かを得て、ひと回り大きく成長します。

心からわき上がる感動は、壁を破って乗り切ったときに生まれるものです。私たちは、そうした体験をひとつでも多く与えたいのです。

感動メッセージ（小学三年保護者）

先生方とお友達のやさしさ―さいきょう祭

やはり昨年のさいきょう祭のことは忘れられません。息子はさいきょう祭の三、四日前におたふく風邪になり、出場することができなくなりました。とても楽しみにもしていましたし、はりきっていたので、かなり落ち込みました。「僕の半年間は無駄だったの？」と言って泣いてばかりいました。私も、息子がどんなにがんばっていたか知っていましたので、本当に残念でした。本番前日、先生から電話があり、お友達が「T君のためにがんばる！」と言ってくれたことを聞き、本人も素直に「がんばってください」という気持ちになったようですが、やはり心の切り替えはむずかしく、しばらくしょんぼりしておりました。

しかし何日か後になって、さいきょう祭に出られなかった息子と、私たち家族のためだけに演奏してくださると先生から電話をいただき、聴かせていただきました。そのときの息子の晴れやかな顔と感動は忘れることはできません。おかげで息子は心のひっかかりがとれ、前に進むことができたようです。たった一人の子どものために、授業時間を削ってまで演奏会をしてくださった先生方、それからT君のために、T君の家族のためにと、演奏してくれたお友達のやさしさに感謝したいと思います。ありがとうございました。

感動メッセージ（中学一年保護者）

気持ちが伝わる合唱・合奏——さいきょう祭

子供を育てる環境はとても大切だと思います。まだまだ心の柔軟な子供たちです。よいほうにも、悪いほうにも、あっという間に流されてしまいます。そのような時期に、才教のよい方向を目指す環境の中に子供を預け、教育を受けることができることをとても嬉しく思うとともに、先生方に感謝します。

初めてのさいきょう祭のとき、息子は自分の学年よりも、他の学年、または小学生のことをとてもほめていました。とくに中学三年生の合唱・合奏は「すごいよ、すごいよ」と言っていました。実際に見て聞いて、本当に素晴らしかったです。どの学年もよかったですが、中三の生徒のみなさんは、最後というみんなの気持ちがとても伝わってきました。自分の子供は出ていないのに、涙が出てきました。それと同時に、うちの子も三年生になったとき、こうなってほしいと思いました。公立小学校時代は息子を学校に行かせると、帰ってくるまで心配でしかたありませんでした。今は安心して送り出せています。ほんとうにありがとうございます。

感動メッセージ（小学一年保護者）

チーム一丸となって戦う姿—体育祭

才教学園はすばらしい学校です！　才教学園なら間違いないと思い、我が子を受験させ、入学させましたが、ますます感動しました。

公立の学校では見ることのできない子どもたちの姿にただただ感激したり感心したり。

学年があがればあがるほど、きびきびとした姿に清々しさを感じました。

一人ひとりが競技・勝敗に一喜一憂し、相手チームを褒め称え、本気で悔し涙を流している。そんな色々な子どもたちの姿を拝見して、大人たちが忘れて生きている大切な物が、この学校の子どもたちは当たり前にできていることがよく分かりました。

チーム一丸となって戦う姿、先生と学年の違う子どもが、喜びや悔しさを共に分かち合って、共感し合い、抱き合いながら喜んでいる。本当にありがたく思います。

息子においては、走ることが得意なので、絶対に負けたくないという強い思いがあったようで、4月から、特別用事のない日は帰宅後に、祖父や父と地元の小学校の校庭へ走りこみに行って練習を重ねていました。

親の私からすると、帰宅したらすぐに宿題を済ませて、一刻も早く寝させたい思いもありましたが、息子の目標に向かう強い意志に根負けしました。

そして、思ってもいなかった個人賞を頂きました。これは息子にとっては、他人から認めていただく初めての機会でした。自分が今まで得意だ好きだと思っていたこと、そしてさらに努力を積めば、必ず結果が伴うということを学んでくれたと思います。

校長先生から賞状をいただくときのはにかんだ姿。大勢の皆さんに祝福していただいた喜びは、きっと息子の大きな自信となって、また次への心の栄養になったと思います。

本当にありがとうございました。

感動メッセージ（小学一年保護者）

全身全霊で取り組む──体育祭

初めて体育祭を見させて頂きました。まず感じたのは、生徒たちも先生方も本気で勝ちにこだわっている、その本気さに驚きました。

今まで私が体験したり見てきた体育祭や運動会とはまるで違いました。

本気で勝ちたいからこそ、目的がはっきりし、正に全身全霊で取り組むことが出来るのですね。

息子は赤組でした。白組に追い抜かれ、負けている状況でした。そんな時、赤組のテントの裏で私は子どもたちの様子を見ていました。中学生が小学生を励まし、応援し、小学生もそれに応え、また小学生も中学生を応援する。

上べだけの応援じゃない。自分の言葉で、自分の身内に掛ける言葉のように暖かかったり、厳しかったり。なんだか私まで気持ちが入ってしまい、子どもの悔しい気持ちや嬉しい気持ちに涙がでました。感動しました!!

負けはしたものの、誇らしげに帰ってきた息子の姿にいろんなものを吸収して心身ともに成長を感じました。素晴らしい体育祭に参加できる息子も、私共保護者も、幸せ者です。

先生方、上級生のみなさん、お友だちのみんな、体育祭に携わって下さっているみなさんに感謝の気持ちを伝えたいです。本当に、ありがとうございました。

感動メッセージ（小学一年保護者）

大人の心を揺さぶる—体育祭

体育祭が終わり、赤組の子どもたちが目を真っ赤にして泣いている姿に感動しました。

体育祭、運動会というとある年齢までは夢中になってやりますが、途中から覚めた気持ちになってしまい、どちらが勝ってもいいじゃないかと消化試合のようになってしまうことがありました。

けれど、才教の体育祭を見せていただいた結果、昔がむしゃらにやっていた子どものころを思い出し、思わず涙がこぼれ落ちそうになりました。校長先生が「人に感動を」と言っていますが、既に子どもたちは一つ一つの生活の中で大人の心を揺さぶり、感動を与えているのではないかと思います。話は変わりますが、先日新聞記事で県内で存在感を増す私立小という文章が掲載されていましたが、才教の特徴が良く出ていてよかったと思います。親として校長先生をはじめ、各先生の姿を見て安心して通わせたいという気持ちにさせられました。創設して6年目ということで、手探り状態であると思いますが、今までになかった壮大なスケールの夢を載せた船が旅路に出た感があります。長い年月をかけても、必ず目的に着いてもらいたいのが親の願いであります。忙しがり、なかなか学校に協力できていないのが現状ですが、息子一人が輝いてほしいというより、才教の子どもたち全員が輝いてほしいと願っていますので、出来る限りのことは協力していきます。

今後ともよろしくお願いします。

感動メッセージ（中学三年保護者）

勝負にこだわる—体育祭

最後の体育祭ということで、良い思い出をまた一つ作ってほしいと思っていたので、この快晴はとてもうれしかったです。体育祭、ありがとうございました。いつも思うのが、運動会と言えばおどりがあったり、組体操があったりするのですが、「勝負にこだわる」この才教の体育祭は見ている側もする側の方も感動があって、勝っても負けても「全力で頑張った」だけにどちらもいい「汗と涙」を流しているなと思い、見るのが今年で最後なんだと思うと少し残念な気がしました。特に「タイヤ取り」は、私の一番見たいNo．1の種目で、体をひきずりながらも、必死で最後まであきらめないでタイヤを取られないように頑張る姿は、とても感動します。

もし、息子が卒業して、何か辛いことがあったり、いろいろな壁にぶつかって悩んでいた時があったら、一人でも良いから体育祭に行って、全力で戦う後輩の姿を見て「僕も頑張らなきゃなぁ」と思ってくれると良いなぁと思いました。

「運動会」ではなく、「体育祭」というネーミングも素敵だと思います。

〝体育〟という字は、体を育むと書きますが、この体育祭は体も心も育ついい行事だなぁと思います。

いろいろ、ありがとうございました。

感動メッセージ（小学一年保護者）

一体感がすごい！─さいきょう祭

初めてのさいきょう祭は、期待以上に楽しく、予想以上の完成度に驚かされました。一人一人が自分の役割、責任を自覚し、学年全体のまとまりを意識しているように見え、出来栄えは勿論のこと、一生懸命な姿に感心し、感動しました。

どのステージも素晴らしかったのですが、最後の全校合唱は特に、テーマ通り、歌って、踊って、はじけて！　見ている側もはじけた気分になるほど楽しませて頂きました。

一年生はどの子も本当に楽しそうに（どの学年の子どもたちもそうでしたが）、精一杯歌って、踊っていて、この半年間の学校生活が楽しく充実していたことが伺えるようでした。

九学年の一体感はすごい！　娘の学校生活が少し羨ましく、幸せな気持ちになりました。

娘を迎えに行った時、「疲れた？」と聞くと、楽しいものを見ていたのだから疲れるはずがないという答え。確かにその通り！　でした。才教の行事を経験するたびに、良さを実感しています。

年々難しく、娘にとっては試練になってくるでしょうが、苦労し、努力する姿も楽しみです。

それを見守り、ご指導くださる先生方には、大変なご苦労だと思いますが、来年も楽しみにしております。本当にお疲れ様でした。ありがとうございました。

感動メッセージ（小学一年保護者）

輝いている様子に驚嘆—さいきょう祭

昨年も鑑賞させて頂きましたが、今年も変わらず、とっても素敵なさいきょう祭でした。

今年は岡山県から祖父母が孫のはじけている、一生懸命頑張っている雄姿を見たいと、はるばる600㎞の道程を来たのですが、「本当に来てよかった」と「元気をもらった」と何度も話し、とても気持ち良く、感謝とともに帰宅につきました。

本当にありがとうございました。親孝行できました。さいきょう祭のすごい所は、ステージに先生が出てくることがなく、子どもたちが主役となって輝いている様子にとても驚嘆させられました。先生方もこれだけ統率された見事な学園祭を作り上げられたのには、大変なご苦労があったろうなと思います。

子どもも本当に楽しかったようで、撮影したビデオを何度も何度も見ていました。見る大人も、披露する子どもも、とっても楽しむことができるさいきょう祭、今から来年も楽しみです。少し気が早すぎますが。先生方は本当に大変だとは思いますが、これからも素晴らしい、このさいきょう祭にとても期待しています。

子どもたちの為に宜しくお願い致します。沢山のエネルギー、活力等をもらいました。

ありがとうございました。

感動メッセージ（中学一年保護者）

熱意が伝わってくる─さいきょう祭

今回初めてさいきょう祭を拝見しました。どの学年の発表も大変すばらしく、感動の連続でした。長時間にわたる発表にも関わらず、飽きることなく楽しませていただきました。特に小学校六年生のミュージカルは、とても小学校六年生とは思えぬすばらしい出来栄えで、びっくりしました。小学生にもあのように素晴らしい発表が出来るものなのですね。きっと、厳しい練習を何度も繰り返し、頑張ったからこそあれだけの発表が出来たのだと感心しました。本当に素晴らしい発表でした。

中学一年生はと言うと、正直大丈夫かな？　と思っていました。家での練習や学校の様子などを聞いていると、本人たちが一番不安を感じているのではないかと思えたからです。でも、本番の発表を見て、よくここまで頑張って練習したな～と言うのが、率直な感想です。みんな楽しそうに歌っていましたし、リコーダーもまとまっていたと思います。最後に歌った〝I will follow him〟は特にのりのりで歌っていたのが印象的でした。衣装もかわいくて、とても良かったです。

最後の全校合唱では、この行事にかける、児童、生徒、先生方の熱意が十分すぎるほど伝わってきて、本当に感動的でした。すばらしいさいきょう祭だったと思います。ありがとうございました。

志教育エピソード（小学一年担任）

団長さん、ありがとう――体育祭

かけっこに苦手意識を持っていたMさん。体育祭が近づくにつれて、大好きだった学校へ向かう足どりが重くなってきました。「朝ごはんを食べたくない」と言ったり、トイレから出てこなかったり。

そんなある日、自分の組の応援団長が言った言葉に感動して家に帰ってきたそうです。

「私は足が遅いけど、みんなが応援してくれている。たとえ抜かれても、みんなが頑張ってくれるって」

と笑顔でお母さんに話しました。

それからMさんは、毎朝三〇分早く起きて、家の近くでランニングを始めました。雨の日は家の中でダッシュの練習をしてから学校に行くなど、日々努力を続けてきました。

「団長さんが『気持ちをひとつにして』って言ったんだ」

「赤組みんなで頑張るんだ」

嫌がっていたのが、しだいに体育祭に対する期待へと変わっていきました。

そして迎えた体育祭当日。一生懸命、最後まで頑張りましたが、残念ながら、赤組は僅差で負けてしまいました。それでもMさんは、

「団長さんがいたから、私は赤組でよかった。団長さんはすごかった。来年はもっと頑張る」何かを得たかのように、お母さんに話してくれたそうです。

体育祭が終わった後も、Mさんのランニングは続いています。

「足は遅いけど、自分のできることを一生懸命考えて、前へ進んでいく娘をこれからも応援したいと思っています」

そうお母さんが綴ってくださいました。

小学一年生の小さな胸に、こんなにも感動と志を与えてくれた中学生の存在の大きさ。一緒に頑張れたこと、私からも感謝します。ありがとう。そして苦手意識を克服し、頑張ろうとする姿をこれからも応援していきます。

たくさんの小さな瞳が、先輩たちの背中を見つめている。上級生のみなさんには、そのこともぜひ覚えていてほしいです。

志教育エピソード（小学六年担任）

「働くということ」――プレゼンテーションコンテスト

プレゼンテーションコンテストの予選まで3週間余り。

6年生もそれぞれのグループで台本を書き、スクリーンに映す画面を考えました。

プレゼンテーションは、言葉で伝えることが中心ですが、
そこに写真や表、グラフを写すことで、データがはっきりとして説得力が出てきますよ。

また、大切なポイントや、伝えたいことを文字で表すことでよりわかりやすくなります。

1月15日の土曜日に、出来上った画面に合わせて台本を読み、発表をしました。

どのグループも、自信満々で発表しましたが・・・

聞いていた他の子どもたちは、

「グラフが細かくて分かりづらい」

「同じ画面がずっと出ていて飽きてしまう」

「画面がすぐ次へ行ってしまって、わからない」などなど・・・

自分たちはこれで良いと思っていたことが、聞いている相手には上手く伝わらないことにショックを隠しきれない様子でした。

そこから、大切な学びが始まります。

みんなで意見を出し合いながら、どうしたら効果的な画面になるかを話し合いました。

そこで出た意見としては、
①何のためにその資料を出しているのか、その目的に沿った画面にすること。
　必要なところを強調して写すこと。他の所は写さなくても良い。
②話した言葉を、もっと文字にして表したほうが分かりやすい。
③画面に映したことは、必ず説明する。
などでした。


自分が作ったものに意見を言われるということは、あまりうれしいことではありません。

ましては、頑張ったものにならなら、なおさらです。

でも、アドバイスをしてもらうことでより良くなることを、子どもたちは分かっていました。

ですから、厳しい意見をはっきり言ってあげることができたのだと思います。

そしてそれらをきちんと受け止めることができたのだと思います。


子どもたちはその後、昼休み、放課後などに、もっと良いものにしようと頑張っています。

出来上がりも大事ですが、この作り上げる過程での学びが、何より子どもたちを育てます。

その機会を与えてもらった子どもたちの成長が、これから本当に楽しみです。

志教育エピソード（中学二年担任）

生徒の脱皮——さいきょう祭

さいきょう祭で中学二年生はミュージカルにチャレンジしました。

中学二年生と言えば、一生懸命やることに恥ずかしさを感じてしまう年頃。人前で大口開けて歌うことすらなかなかできない生徒にとっては、人前で演技するなど、苦痛以外のなにものでもなかったはずです。そういう生徒が取り組んだ、さいきょう祭で、忘れることのできない四人がいました。その四人とは、まさに歌や演技に拒否反応を示している生徒たち。手にした役は誰も希望しなかった物語の脇役中の脇役です。

練習中も、この世の終わりのような顔をしながら、おざなりに参加。声は小さい、読み方は棒読み、歌は練習しない、表情はのっぺらぼう・・・。真剣にやっている生徒がいる中、彼らのやる気のなさは足をひっぱる結果に・・・。あと少しでリハーサルだというのに、シーンをそのまま削ってしまいたくなるような惨状でした。

「今のままでは、あのステージに立つことはできないよね・・・」という声が色んなところから出始めたある日、その中でも特に恥ずかしがりやの女の子が、同じ役の子に声をかけたのです。「もういい、私、恥とか捨てる！　みんな、練習しよう！」

その声掛けからその役の四人が変わりました。

「やりたくないものは、やりたくない、絶対無理です」というスタイルを貫いていた、他の三人の子が自分達で練習を始めたのです。与えられた練習時間以外にも、放課後に残って一生懸命振り付けをし、普通にやるだけでも恥ずかしい振り付けを自分たちで考え、台本からは想像もつかないくらい、インパクトのあるシーンと見事に変わりました。

後日の通し稽古の日、その生まれ変わった役のシーンを見て、周りはびっくり仰天。その日の練習は大喝采&大フィーバー&大爆笑の渦でした。つい先日まで、「どうせ、ちゃんとやらないんでしょ」と諦められていた友達が、殻を破り捨てているのを見た他の生徒たちは、「私達も負けていられないよ」と急にエンジンがかかり始めました。一人一人が、練習する事を楽しみ始めたのは、この日がきっかけになったと思います。

本番の舞台は、ハプニングが絶えず、出来栄えからすると、百点とは言えないものだったかもしれません。しかし、仲間が頑張っている姿が、他の人を勇気付け、全員が本気で取り組んだ結果を舞台に残せたことに、生徒達は本当に感動したようです。

四人の「もういい。私、恥とか捨てる!」と、自分を奮い立たせた姿に、生徒だけでなく私も何か大切なことを教えてもらった気がします。

志教育エピソード（中学二年担任）

ケアンズ修学旅行記

2月22日（火）から26日（土）まで、中学2年生はオーストラリア ケアンズへ3泊5日の修学旅行に行ってきました。

海外で実践的な英語を使った調査活動や現地の学生との交流会を通して、「新しい自分を発見すること」「仲間のために行動すること」という2つを大きな柱にして出発しました。

2日目の市内調査活動は、各グループに分かれ、ケアンズの街中でインタビューをしました。街行く人に自分から、声をかけインタビューをするというのは大人でも勇気が必要なことです。私は、内心ドキドキしながら遠巻きに生徒たちの動きを眺めていました。

なかなか話かけられない人

相手の言っていることが分からず、苦戦している人

勇気を出して、声をかけても断られている人

一人の人と20分以上も熱心に話し込んでいる人

相手からの突然の質問にも上手に答えている人

数日前の生徒たちと比べて、どの姿からもたくましさを感じました。

45人それぞれの生徒に、たくさんのエピソードがあります。

中でも、修学旅行でメインとも言える街中での調査活動は、生徒達に大きな影響を与えたようです。


「今日の活動で、20人以上にインタビューをすることができました」

誇らしげな表情で、一日を振り返る反省会で報告するAさん。

Aさんは、普段どちらかといえば、友だちに対して自分から積極的に話しかけることは少ないタイプです。

Aさんはずっとそんな自分にコンプレックスを持っているようでした。


そのAさんが、初めての海外、そして日本語が通じない環境で20人以上にインタビューができたのです。

普段からのAさんを知っている私には、どれだけ勇気を振り絞り、行動しているかが分かりました。インタビューの後、更に私が驚いたのは、Aさんの友達の証言でした。

「先生、Aさん昨日からずっと具合が悪くて、夜もしっかり眠れてなかったみたいです」

体力には自信がなく、体調が少しでも悪いときには気持ちが不安定になることもあったAさん。彼女にとって、「自分の限界に挑戦した」一日だったのだと考えると、私は胸が熱くなりました。

自分たちの調査テーマを調べたり、英語を使って会話をしたりすることだけが、才教学園の修学旅行ではありません。

普段と異なる環境やハードスケジュールや課題で、肉体的にも精神的にも極限まで追い込まれることによって、はじめて自分の内面と向き合い、見つめ直し、挑戦すること。そのことから得られるものは生徒一人ひとりの一生の財産となるはずです。

生徒が悩み、苦労しながらも短期間でどんどん成長していくのを目の前で見ることができるのは、なにより嬉しい教師の特権です。来年は、受験生。海外で挑戦できたのだから、日本の受験勉強くらい軽く乗り越えられるはず。

さぁ、やるぞ！

第5章

家庭の法則
——志を育てる八カ条

学校と家庭が価値観を共有し一体化した「志教育」

ここまで才教学園の児童生徒に対する取り組みを述べてきました。

そこで、この章では保護者に対する取り組みを述べ、さらに子どもの可能性を伸ばすために「親は何をすべきか」をお話ししたいと思います。

私たち才教学園は、「志教育」の実現には、保護者と価値観を同じくして協力していくことが不可欠であると考えてきました。

価値観を共有するための施策は、受験をする前から始まっています。

受験前の学校説明会では、本校の理念の浸透をはかり、納得したうえで受験してもらいます。そして入学選抜試験における保護者面接では、家庭の教育方針をたずね、才教学園の教育理念をどれくらい理解されているかをたしかめます。また入試の際には、次のような項目（一部抜粋）をあげて、承認されるかどうかを確認しています。

●才教学園ではあらゆることが教育理念に基づいて行われ、カリキュラム、行事、活動

はすべて教育理念を実現するために行われます。

●将来、人のために我が身を犠牲にできるような、立派な人になってほしいと、ときには学校で厳しいことを言う場合があります。そのときは学校を信じて、決して家で甘やかすことなく、お子様の背中を押してあげ、学校と歩調を合わせてください。

●家庭学習はしっかりと行ってください。授業は家庭学習を行ってくることを前提に行います。常に家庭でも本人の学習状況を把握してください。

●学則を守れない、学業に対する意欲がない、学校生活で他人に著しく迷惑をかけるなど、本校の児童生徒としてふさわしくない行動をとると、本校で学校生活を送ることは難しくなります。ご家庭で、才教学園生としてのあるべき姿を常に意識してご指導ください。

これらを「承知する」という保護者の確約が、まず最初に必要なことです。もちろん、「当然です！　何ら違和感を感じません」とおっしゃる方がほとんどです。

こうして本人が受験に合格したら、入学前の二月末から三月にかけて、三日間の保護者向けオリエンテーションを開きます。そこでは、あらためて才教学園の教育理念、教育方針、カリキュラム、家庭のあり方などをお話しします。オリエンテーションでは、さらに保護者の意識の改革をうながし、入学してからも家庭と学校が足並み揃えて子どもの教育にあたれるようにしているのです。

子どもが晴れて本校に入学するまでには、このように学校説明会、入学選抜試験、オリエンテーションにおいて保護者に理念の共有を要請しています。学校と保護者が一体となれるかどうかは、入学するまでが最も重要だからです。

筆記試験のみで選抜して、いざ入学してから「えっ、こういう学校だったの」とか「こういう子は本校にふさわしくない」となると、本人はもとより、親御さんも学校も、みんなが不幸になります。

ですから、学校説明会では私は言っているのです。

「今まで説明してきたように、才教学園は志を育てるこういう学校です。この理念に共感し賛同される方だけに来ていただきたいのです」

説明会では、お父さん、お母さん方の熱い視線と不思議なパワーをいつも感じます。「これぞまさしく求めていた学校だ！」という気持ちに圧倒されそうになります。

学校説明会の段階で理解してもらえれば、学校と家庭の協力関係はすでにかなりクリアできたと見ていいと思います。

実際、学校説明会、入学選抜試験、オリエンテーションを経て入ってきた児童生徒は、ぐんぐん成長します。それは本校の教育と家庭の教育が一体化することで、相乗効果が出るからです。

もちろん入学してからも、機会あるごとに学校の教育方針や、保護者の方に望むことを伝えています。絶えずメッセージを送って、意思の疎通をはかっているのです。

それでは、ここから保護者のみなさんにいつもお話ししている「親としてあるべき姿」をまとめた「志を育てる八カ条」をご紹介しましょう。

第一カ条・どんなことがあっても子どもを信じる

信じるということは「我が子に盲目であれ」ということではない。

善なる心を持っていることを信じる。

信じてもらうと子どもは親を裏切らない。
親に信じられると期待に応えようとする。

子どもは、心の深いところに「親に信じられている」という安心感があればこそ、のびのびと強く育ちます。幼いころから親が自分を信じ、愛してくれているとわかっていることが、子どもの精神的な成長には必要なのです。

親の自分に対する信頼を自覚することで、自分もまた人を信じることができるようになります。物心つくころに信じられ、愛された経験がなければ、他人への信頼感や愛情を示すことのできない人間になってしまう可能性もあります。

といっても、これは盲目的に子どもを信じ、許し、甘やかすということではありません。子どもの言うことなすこと、すべてを信じるという意味ではなく、かりにイタズラをしたり、ちょっと悪いことをしても、正しい方向に修正できる善なる心を持った子であると信じてあげるのです。「あなたを信頼して愛しているのだ」という親の気持ちは、何らかのかたちで、いつも子どもに伝えたほうがよいでしょう。

第二カ条・たくさんの感動を共有する

感動は人間としての大切な心を育てる。
感動を共有することによって親子の絆が強くなる。
感動は親の思いを伝える手段になる。
親子で感動を共有できる家庭では、素直な子どもが育つ。

たとえば親が何に対しても感動しない、そんな家庭で育ったら子どもはどうなるでしょう。おそらく子どもは、感動とは何かもわからないまま大人になってしまいます。

成長過程での感動体験の積み重ねは、子どもの志や素直な気持ちを伸ばします。ですから、ふだんから親子で「よかったね！」「嬉しいね！」「これは素晴らしいね！」と、共に感動を共有する時間や機会をつくったほうがよいのです。

親御さんのなかには「感動といっても、どうすればいいんでしょう？」と戸惑われる方も少なくないかもしれません。

何もあからさまに、喜んだり、騒いだり、泣いたりしてください、ということではないのです。映画やテレビの良い番組を見て、ひと言、感想を語りかけるだけでもいいと思います。あるいは自分が読んで感動した本を「これ、読んでごらん」と渡してもいいでしょう。夏休みなどを利用して、自分が感動したところ、自然を体感できる海や山、博物館や美術館に連れて行ってあげてもいいでしょう。

大げさに感動を表現しなくても、思いはちゃんと伝わるものです。

いずれにせよ、親子で感動を共有するためには、親自身がピュアな心を保ち続けることが大切です。仕事、育児、家事に追われているなかでも、ときには童心を思い出し、子どもと一緒に無心で感動できるひとときをつくってください。

第三カ条・いつも小さなハードルを与える

小さなハードルに挑戦する習慣をつけさせる。
ハードルがあることでモチベーションが高まる。
ハードルを乗り越えることで自信を持ち、意欲、勇気が出てくる。
ハードルを乗り越えることで問題解決法を自ら編み出す。

子どものうちは、超越できそうもない大きなハードルではなく、小さなハードルをいくつも与えるべきです。ひとつひとつ小さなハードルを乗り越えていくことで、目標を達成する喜びや楽しみを体験させるのです。

では、どんなことが小さなハードルかというと、ここが親の知恵の見せどころです。ひとつの課題があるときに、ある子どもにとってはそれは小さなハードルでも、別の子にとっては乗り越えられないハードルかもしれません。だから我が子の能力や性格を見極めて、「やればすぐにできそうなこと」を提示してあげるとよいでしょう。

たとえば、ちょっとしたお手伝いを「今日のうちにやっておいてね」と言えば、子どもは「あっ、今日中にやらなくてはいけないんだ」と思って、それが小さなハードルになります。

多くの親は、「テーブルを片づけてね」と言っても、子どもがやらなければ、面倒だからと自分でやってしまいます。何事も子どもが楽なほうへ、障害を取り除いてしまうのです。そうではなく、自分から行動を起こすようにハードルを設定して、自発的に取り組ませる工夫をすることです。そして、できたら「あっ、できたね。きれいになったね」と認めてあげれば、次のやる気につながっていくはずです。

小さなハードルというのは、ほんのささいなことでかまわないのです。ときには、大きなハードルを与えることも必要です。ですが、大事なのは日常的にちょっとずつ、無意識のうちに上に引っ張っていくこと。そんな積み重ねが自信になり、意欲を生み出すのです。

第四カ条・子どもの純粋な夢を受け止める

子どもの無尽蔵な夢を認める。
純粋な夢は、将来、大きな志を育む。
子どもの夢を他愛のないものとして無視をすると、志は育たない。
将来に夢を描くには、家庭の環境も影響する。

才教学園の子どもたちは、大きくなったら「医者になりたい」「エンジニアになりたい」「数学者になりたい」「宇宙飛行士になりたい」「プロ野球選手になりたい」「学校の先生になりたい」「警察官になりたい」といった、さまざまな夢を描いています。

こうした子どもたちの夢のなかには、大人の目から見れば「それはちょっと無理かもしれないよ」と言いたくなるものもあります。

だけど、「無理だよ」とは言わず、受け止めてあげたほうがいいのです。

子どもが抱く純粋な夢には、とてつもなく大きなエネルギーが潜んでいます。長い人生の中には、大変な困難の山を乗り越えなくてはならないこともあるでしょう。そのときに超越する精神は、やはり子どものころに育まれるものだと思います。

であれば、実現可能かどうかなど考えず、ひたすら何かに打ち込んで向かっていった経験は無駄にはなりません。大人になってから、大きな壁にぶつかったときに、乗り越えていく力が養われているからです。

子どもは、えてして、荒唐無稽な夢を口にします。そして親は、そうした夢を一笑に付して否定しがちです。とくに堅実な家庭であれば、子どもの幸せを考慮して、時間と労力を浪費することを恐れるのでしょう。

けれども、夢中になって取り組んだ体験は、必ず後で活きてきます。またチャレンジ精神を身につけた子どもは、だめだとわかれば、ちゃんと自らの力で軌道修正できます。だから純粋な夢を受け止め、その心を育ててあげたほうがよいのです。

夢が叶った話をひとつ。

実は、私は、少年のころ宇宙旅行をする夢を描いていました。体がふわふわ浮くとどんな気持ちになるだろう。ずっと遠くから地球を見てみたい。それから四〇年後、一九九七年に、「二〇〇一年宇宙への旅」という無重力空間まで行ってくる旅行が企画されました。当選者五名にその権利をプレゼントするというのです。私は、子どものころの夢が彷彿としてよみがえって、ぜったい手にしたいと思いました。二度とこのようなチャンスは訪れない気がしました。〝全力（笑）〟で応募して、そのチャンスを手にしました。現在まだ実行されていませんが、その日が来るのをさらに一三年も待ち続けています。私は、夢は必ず叶うと思っています。

第五カ条・「ならぬものはならぬ」と教える

「嘘をつくな。約束は守る。卑怯になるな」を徹底する。
言い訳をしたり、自己正当化することを戒める。
親の毅然とした姿勢は伝わる。
指針があってこそ、子どもは考えることができる。

今の家庭教育において、著しく欠けているもののひとつが「だめなものはだめ」ときっぱり叱り、教えていく親の姿勢です。

重要なのは「子どもの幸せとは何か」ということを、いまいちど顧みることです。親はよく、子どもに対して「どこの大学に入って、どういう会社に入って、これくらいの収入があれば幸せ」という将来像を描きます。

しかし、これからはそんな短絡的な考えでは幸せになれないということを、熟考したほうがいいかもしれません。日本が経済的に危機的な状況に向かっている今、もはやかつてと同じように拡大生産、大量消費で豊かになっていくのは難しいでしょう。

だとしたら、何が幸せなのかというと、過去から学ぶべきです。

昔の日本には、ものの豊かさではなく、心の豊かさが根底にありました。質素で清貧に甘んじ、少しのものでも分けて、分かち合うやさしさや強さが息づいていました。そのような心と心のつながりや、信頼し合う社会をとりもどすということも、今後は真剣に考えなくてはいけないのではないかと思います。

多くの家庭では今、子どもが欲しがるものを何でもかんでも買い与え、「だめなものはだめ」と言えなくなっています。それは親が「お金を稼ぐこと」に最大の価値を置いていて、そこに行き着きさえすれば、子どもは幸せになると思い込んでいるからです。

小さいころから親が「ならぬことはならぬ」としつけ、いちばん大切なことは何なのかを教えるのは、真の意味で幸せになるための基盤です。これからの社会では、正しい価値観や倫理観のない者は、強くたくましく生きていくことができません。

我が子の幸せを願えばこそ、家庭の規範を持たなくてはならないのです。

第六カ条・親の持っている世界を聞かせる

子どもは親を見て自己形成する。
自分の生き方を子どもに語る。
自分が何を大切にしているかを語る。
親の世界を聞かせることで、将来の志を抱くようになる。

子どものうちは、子どもの世界で「こういう生き方をしたいな」と夢を描きます。その夢は受け止めたうえで、親の世界観、価値観を語ってあげることも大切です。

親の持っている世界を話すことで、子どもの視野はぐっと広がります。親の考えや生き方に触れ、啓発されて成長する面もあるのです。

息子が幼いころ、よく即興で物語を作って話してあげました。冒険あり、戦いあり、仲間あり。動物も出てきました。近所の子どもも一緒になって喜んで聞いてくれました。続きをせがまれるままに話しました。

いつの間にか彼は、劇画を描いたり、空手をしたりするようになりました。小学校でも中学校でもよく問題を起こしましたが、どこか劇画的でした。高校もまったく自分のペースでした。進路選択も私に頼ることもなく、自分の力で選んできました。今も、先の予測のつかない意表を突くような道を歩んでいます。それは私にとって、ある意味嬉しいことですが、どこか幼いころ即興で語った物語と重なるのです。

あまりに面白い話をしすぎたかな、と苦笑いしたことがあります。

親の言葉は、親が自分で思うよりも、子どもの心に響いているものです。親の生き方は、必ずどこかで子どもに何らかの影響を与えます。子どもの自己形成のためにも、自分の大切にしていること、思いを話して聞かせてあげてください。

第七カ条・ハングリー精神を養う

忍耐、我慢を教える。
ものの豊かさの奥にあるものを見つめさせる。
追い求める理想を高く持つ。
あくなき探究心を身につけさせる。

元来、ハングリー精神というのは、生活に困窮しているところに生まれ、さらに、富むものと富まざるものがあって強くなるのだと思います。しかし、高度な文明下でのハングリー精神とは、精神的渇望感であろうと思います。

今の社会では子どもにハングリー精神を養うのは難しいものです。物質的に豊かになってしまうと、なかなか反骨心みたいなものは育まれません。

しかし、日常生活で忍耐や我慢を教えることは大切です。簡単にいえば、おやつを際限なく与えるのではなく、「これだけですよ」と制限する。欲しいものをすぐに買い与えるのではなく、お小遣いの貯金や家の仕事で稼いだお金をためて買う。こうしたことは当たり前のことですが、もっと家庭で習慣づけるべきです。普段のちょっとした忍耐や我慢の積み重ねは、向上心につながっていくでしょう。

生活の困窮によるハングリー精神はときに人間を矮小にしますが、精神的渇望感は、人間を高貴にします。夢の実現、理想の追求、知的好奇心、幸福の追求、人格を高める、飽くなき探究心などからくる精神的渇望感は養いたいものです。

ハングリー精神は、いくらでも喚起できるはずです。

第５章
家庭の法則
――志を育てる八カ条

第八カ条・今ある自分に感謝する心を育てる

過去や未来にではなく、今の幸せに感謝する。

親への「ありがとう」の気持ちを忘れない。

自己肯定、自己承認できる自分になる。

感謝は、次へのステップに上るために必要なもの。


今現在のありように感謝する気持ちは大切です。人はついつい、今あるものよりも、足りないものを数えようとします。

そこは親がことあるごとに「家族いっしょにおいしいものが食べられて幸せだね」「健康なのはありがたいことだね」と言ってあげる必要があります。そのときは「そうかな」と聞き流しても、繰り返し語る親の言葉は、心の中に染み付いてくるからです。

また、感謝の気持ちとハングリー精神とは、バッティングするものではありません。感謝の気持ちが、さらに成長をしたいという意欲につながるのです。

さらに、親への感謝の気持ちを育むのも重要です。親が、子どもに向かって「お母さんに感謝しなさい」と言うのは、言いにくいかもしれません。

だとしたら、親が率先して「ありがとう」という言葉を発することです。いつも「ありがとう」と言う親を見ていれば、おのずとその親への感謝も芽生えてきます。

子どもは、「ありがとう」という言葉を使えば使うほどまわりとの関係が良くなり、力が湧いてくることを実感できるようになります。それによって、さまざまのことが、自分のためになっていることに気付きます。

このように普段のなにげない事にも感謝の気持ちを持つことで、肯定的な考えが育ち、次へのステップに踏み出す力になります。

第1カ条・保護者からのメッセージ

この子ならきっと出来る

我が家には3人の子ども達がいます。3人ともとてもマイペースな性格で、普段は良いのですが、時に困ることもあります。忙しい時や時間があまりない時にはみんなのペースに合わせて欲しくなることもよくあります。勉強するときも、時間があまりないので、少しでも早く始めて欲しいと思っているのに、自分の気持ちがやる気に向かうまでなかなか取り組めないこともよくあります。

長女が才教学園に通っていますが、とても楽しそうに学校生活を送っている様子にあこがれ、年長の長男も自然と才教学園に入学したいという希望を抱くようになりました。

自分から進んで学習に取り組む長女とは違い、長男はやる気にならないと取り組めない子で、そうは言っても年長なのだから、やる気が起きるのを待とうとあまり厳しいことは言わずにいましたが、待てども待てども、自分から学習に取り組む姿勢はなかなかみられない。そんな日が何日も何日も続きました。そんなことでは「お姉ちゃんの学校には入れないよ」とよく言ったものです。

毎日忍耐力を試されているようでしたが、ある時、私がそのことで注意したのがだんだんとエスカレートして強く怒ってしまった事がありました。息子は大泣きし、私も何だか泣けてきましたが、冷静になろうと別室に移ったとき、長女が私の所に来て言いました。

「ママ、○○だってわかってるよ。やらなきゃいけないことは。ただまだスイッチが入らないだけだよ。そのうち○○もふとやろうと思うときが来るから、それまで信じて待ってあげようよ。私も年長の頃、試験がなんなのかもよくわからなかったし、そのことでママに注意されたり色々言われた時はとても悲しかったから、○○の気持ちよくわかるの。だからきっとスイッチが入ってがんばるときが来るから信じようよ。わたしも○○に協力するから」

なんだか娘に慰められているのか、諭されているのか、自分自身が情けなく感じられましたが、同時に救われたような気もしました。

もっと子どもを信じよう。この子たちならきっと出来る、そう思っていたはずなのに、その時を待てずにいた自分に後悔しました。母親になったとき、子ども達の可能性を信じてそのために私の出来ることは精一杯してあげようと思っていた、そんな気持ちを忘れそうになっている自分に、娘が気づかせてくれたようで、娘に「そうだね」と言いながら心の中では「ありがとう」という思いで一杯でした。

自ら努力して成長

才教学園に入学してから、いろいろな事に挑戦し、それに向かってがんばり達成する喜びを知ったようです。でもそんな中で、今までの人生で一番がんばったであろうことが目に見えるような結果がでなかった出来事がありました。そのようなことは初めてのことだったかもしれません。しかし、その結果を受け止め、更に前に進んでいく子どもの姿を見て、「何て成長したことだろう」と思いました。そのことを書かせていただこうと思います。

子どもがピアノのコンクールに挑戦してみることになりました。はじめは難しい課題曲が思うように弾けない自分が悔しくて泣きながら、またある時は、他の習い事などで遅くなり、眠くてフラフラになりながらも、自分から「やらなくちゃ」とピアノの所まで這っていって弾くのです。そして、「今、ここであきらめたら、お山の途中の一番苦しい所で止まってしまうことだものね。私はお山に登り切って、きれいな景色を見たい！」と言いながら、毎日毎日がんばって、少しずつ、でも確実に上手くなっていきました。

その姿を見ていて、努力することの大変さ、そして素晴らしさを改めて感じました。

コンクール当日、その成果を発揮することができ、曲の表情をつけながらも一箇所も間違えず、しかもこの曲は、指定の速さまで上げて弾くことはとても難しかったのですが、見事に演奏することができました。

演奏が終わり、おじぎをした時、娘は「私、本当にやり遂げたんだ」という晴れやかな顔をしていて、私は、その顔を見ながら、それまでの努力してきた姿が頭に浮かび、「○○ちゃん、良かったね。お山に登り切ったね。きれいな景色を見ることができたね」と思わず涙が出てしまいました。

しかし残念ながら、結果は努力賞でした。もちろん、決して賞をいただくことを目標としていたのではなく、演奏を終えた時点で、「やった、目標達成‼」と子どもも私も思ったのですが、演奏を何カ所も間違えたり、曲の速度もとてもゆっくりだった方達が、どんどん上の賞に入っていくのを見て、娘もいつもでしたら、自分ががんばったことにおいて、他のお友達が選ばれたり、上だった場合でも、そのお友達が、どんなにがんばってきたかがわかるのでしょう、「○○ちゃんは本当に上手だったんだよ」「○○君は本当にすごいね。私ももっとがんばろう!」と目を輝かせて話すのですが、そのときはあまりにも納得がいかずに「どうして何度も間違えてもいいの？　どうしてあんなにゆっくり弾いてもいいの？」と泣いてしまいました。

でも、これが音楽や芸術の、しかもコンクールの難しさ、そして良さでもあるのです。そして、相手を負かすことを目標とせず、いつも〝自分への挑戦、自分との戦いをがんばること〟を大切にしている娘ですが、その涙は、本当にがんばった者だけが味わう痛みだったのかもしれません。

私は「○○賞という目に見える形の結果はなかったけれど、もっと大切なもの、あれほどがんばってやり抜いて、堂々と大舞台で自分の納得できる演奏が出来たことは娘の中で、きっと何かが大きくなったと思うよ。このことは絶対にいつか役に立つと思うよ」と話しました。

その数日後、ピアノのレッスンがありました。この日は、コンクールの練習で遅れていた発表会の曲を決める日だったので、子どもはとても楽しみにしておりました。ピアノの先生は「本当によくがんばって、本当に上手だった。結果が残念でたまらない」と涙ぐんでくださり、私とコンクールの話をしているうちに、その日のレッスンの時間がなくなりかけてしまいました。

それまで、じっと聞いていた娘が、「あの……今日、発表会の曲は決めないのですか。私、とってもとっても楽しみにしていたの」と一言。

この言葉を聞いて、先生と私で笑い泣きをしてしまいました。大人がコンクールのことに、こだわっているうちに、一番悲しい思いをした本人は、すでに前を向いて歩き始めていたのです。

発表会の曲を決めることになり、先生が何曲か弾いてくださった中から、娘は「この曲が、とってもきれいだから弾いてみたい」と選んだ曲は、その中で一番難しいとのこと。

本人はやる気満々でしたが、発表会までの時間が足りない中、大丈夫かしら……と私は少し心配でした。

家に帰ってから、早速CDを聞いているところに主人が帰ってきました。

「パパ、この曲きれいでしょ。私、この曲を発表会に弾こうと思うの」と嬉しそうに話す娘に、主人は「とっても綺麗な曲だね。でもパパにはすごく難しく聞こえるけど……」と言うと、娘は「難しい方が、やりがいもあるでしょ」と言うのです。

主人と私は「ほぅ～」と言ったまま、しばらく次の言葉が出ませんでした。

この子はいつの間に、こんなにも成長したのだろう、と思った瞬間でした。

時間の足りない中で、自分の選んだ曲を本当に楽しみながらも、しっかりと仕上げ、発表会に来てくださった様々な方々や、娘を直接知らない方からも「本当に上手だった」「とってもきれいだった」と嬉しいお言葉をたくさんいただきました。

時と場合によっては、目に見える結果をきちんと出さなければいけない時もあると思いますが、そこに至るまでのプロセスがいかに大切か、そして、自ら設定したハードルを自らの力で越えて、

（自分の力で、といっても、そこに至るまでにお世話になった方、協力してくれた方、励ましてくださった方、友達、家族への感謝の気持ちは決して忘れてはいけないと思います‼）しかも、周りの方々への感謝の気持ちを持てた時、子どもは驚くほど成長すると思いました。

そして、その後、また、何かに挑戦し、難しいことにぶつかった時に、このときのがんばった自分、乗り越えた自信が支えになっているように思います。

ピカピカの鉛筆削りに感動

息子は小学校一年生です。入学祝いに祖父からもらった鉛筆削りに、鉛筆ではない何かをつめこんだのでしょう、早速壊してくれました。鉛筆削りの製造会社に連絡してみると、有償で修理可能との事でしたので、「えんぴつけずりをなおしてください。おねがいします」と息子が書いた手紙を入れて、製造会社に送りました。

一週間たった頃、息子あての小包が届きました。息子は「きっと、えんぴつけずりだ!」と喜んで開封しました。中からはピカピカの鉛筆削りが……。

主人と「新品を送ってくれたんじゃないの?」と話していると、「ちがうよ! ぼくのだよ! だって、ここに僕のつけたキズがあるもの!」と言うのです。

どれどれと近寄って見ると、確かにキズがあり、息子の言った通りでした。「鉛筆削り、ちゃんと直してピカピカに磨いてくれたんだね、すごいね! 嬉しいね!」と親子で感動しました。祖父からもらった時より、数倍嬉しそうな息子でした。

その上無償修理とのこと、それには私がびっくりしました。

何の儲けにもならない仕事をこんなにも丁寧にしてくださり、送料もかかっているのに無償とのことで、申し訳ない気持ちになりました。

そして製造会社の方にお礼の手紙を書きました。息子は「ピカピカになっていて、うれしかったです。ずっとずっとたいせつにつかいます」と書いていました。

製造会社の方のしてくださった事は、ただ鉛筆削りを直しただけではなく、きちんとした仕事をすること、その事によって、こんなに喜んでくれる人がいることを教えてくださいました。本当に素敵な出来事でした。

息子もいつか、人に喜んでもらえるような立派な仕事ができる人になってほしいとしみじみ思いました。

第３カ条・保護者からのメッセージ

漢検と数検にチャレンジ

小学校４年生の息子は、毎年漢検と児童数検を受けています。算数の方が好きな子なので、児童数検は少しハードルを上げて一学年上の検定を受けていますが、漢検は当該学年を受けています。また漢検においては、二回目を受けるようにしています。なぜ、二回目かというのには、理由があります。一回目は、まだ習っていない漢字が多く、すべてを覚えるのに我が子にとって負担が大きく、三回目は逆に習った漢字ばかりで、自力で覚える漢字が少なすぎて簡単になってしまいます。それに比べ第二回は、新しく覚える漢字もあり、小さなハードルとしては、ちょうどいい感じだからです。

今年も我が家の漢検の時期がきました。検定の二ヶ月前から、過去問題集に挑戦していきます。初めは、70パーセントくらいしか点が取れないのですが、回を重ねるごとに、どんどん正解率が上昇していきます。それが目に見えてわかるので、息子もそれなりに嬉しいようです。昨年は満点合格だったことから、自分なりのプライドもあるようで、ただ合格すればよいというのではなく、満点に限りなく近い点数を目指して勉強しているようでした。

そうは言ってもまだ４年生、やるのが嫌になってしまう日もあります。漢検前日も、怠け心に負けそうになっている息子に、「もう、泣いても笑っても、今日しかないんだよ、やれるだけの事をやろうよ」と励まし、当日を迎えました。

漢検を終えて、帰ってきた息子の顔はすがすがしく、その後食べるアイス（これまた恒例となっています）の味は格別のようでした。

当日の日記に「はじめはかんたんで、すらすらやっていました。とちゅうにむずかしい問題があって、急に自信がなくなりました。でも、最後まであきらめずにやりました。ぼくは、今までの全部の力を出せて良かったです」と書いていました。また一つ、小さなハードルをのり越えられたかな。

第5カ条・保護者からのメッセージ

いけないことはいけない

秋に私と祖父、娘と5才の息子で善光寺に行きました。

真っ暗な中柱に沿って歩きカギを探り当てる（何というか名前は思い出せませんが）というところに入った時のことでした。目の前に立っている人さえ見えない本当に真っ暗な中、前後の長い行列でなかなか前に進まず、大人の私でさえ少し恐怖心を抱くような感じでした。

そんな中、5才の息子の手をしっかり握って「大丈夫だよ。もう少し」と励ます娘の姿に頼もしさを感じました。

後方にいた中学生くらいの7〜8人の男女グループが入ってきて、恐いせいか「キャーキャー」と大きな声で叫んだり、お友達同士で大きな声で話したりと、他の方々にはおかまいなしで騒ぐのです。真っ暗い中で恐がる息子が、さらに恐くなり泣きそうになっている様子でした。娘がいきなり、「うるさい。静かにしてください」と言ったのです。私も驚きましたが、そのグループの子達も「うるさいだってよ」って言いながらも静かになりましたが、またしばらくすると大きな声で騒ぎ出すのです。そうしたら、娘がもう一度「静かにしてください。小さい子もいるし。他の人たちにも迷惑です」と言うのです。そしたらピタリと騒ぎ声が止まりました。

他の人たちも「そうだ。そうだ」と同調しているのが、伝わってきました。やっと外に出て、娘に「よく注意できたね」と言うと、「いけない事はいけないと、どんな時でもきちんと言わなければいけない」と言いました。大人の私が注意すべきことを娘にしてもらったようで、少し恥ずかしくなりました。校長先生がよく「ならぬことはならぬ」とおっしゃっていた言葉が、聞こえてくるようでした。どんなささいなことでも、いけないことはいけないときちんと言えることは、大切なことだと感じましたし、校長先生のお考えが子供たちにもしっかり伝わっているんだと感じた日になりました。

娘は公共のマナーをきちんと守れない人がとても気になるらしく、普段もよくあれはいけない、大人なのにどうしてできないの？　などとつぶやいています。娘ながらしっかりしてきているな～と思いました。

「ありがとう」と思える人に

息子は、小学校一年生です。真新しいランドセルを大事にしていたのも束の間、ランドセルをひきずっていました。「ひきずっちゃダメだよ、大切にしようね」と話しても、言うことを聞きません。

どうしたものかと思っていたおり、ある雑誌の「6年間使った想い出のランドセルをアフガニスタンの子どもたちに送ろう」という記事が目にとまりました。そこには、ランドセルを手にした子どもたちの、キラキラした笑顔が。こんな素敵なカバンは見たことがないと目を輝かせるそうです。

息子にその写真を見せ、「ランドセルがなくて勉強できない子どもたちが、いるんだって。ランドセルのおかげで勉強ができるって、喜んでいるんだよ」「ランドセルのおかげで勉強ができるって思ったことあるかな？　大切に使わないなら、この子どもたちに送ろうか？　すごく喜んでもらえるよ。それに、ずっと大切に使ってもらえて、ランドセルも幸せだと思うよ」と話しました。息子は何も言わず、じっと写真を見ていました。それから、ランドセルをひきずらなくなりました。

ただ、ランドセルが無くなったら困るからなのかもしれませんが、ランドセルのおかげで勉強できる、それだけでとても幸せで、ありがたい事なんだと、少しは感じてもらえたかな。

私たちの周りは、感謝することであふれています。ごはんが食べられること、元気でいられることと、笑えること、今ここに生きていること、それだけで幸せな事です。我が子には、その事に気づき「ありがとう」と思える人になってほしいと願っています。そして、自分自身もそうでありたいと思います。

「志教育」対談

今、子どもを
伸ばすために
いちばん大切なこと

木下晴弘（きのした はるひろ）

１９６５年、大阪府生まれ。

同志社大学卒業後、銀行に就職するが、学生時代大手進学塾の講師経験で得た充実感が忘れられず、退職して同塾の専任講師になる。

生徒からの支持率 95%以上という驚異的な成績を誇り、多数の生徒を灘高校をはじめとする超難関校合格へと誘う。

その後、関西屈指の進学塾の設立・経営に役員として参加。「授業は心」をモットーに、学力だけではなく人間力も伸ばす指導は生徒、保護者から絶大な支持を獲得。

以後10年間にわたり、講師および広報・渉外・講師研修など様々な業務を経験。

現在、株式会社アビリティトレーニングの代表取締役として、全国の塾・予備校・学校で、講師・教員向けの授業開発セミナーを実施している。セミナー受講者は10万人を超え、大きな注目を浴びている。

人と人との巡り会いによって生まれた才教学園

木下▼私が初めて先生とお会いしたのは、東京で開かれたセミナーでした。

山田▼そうですね。私学の研修のときですね。何かを求めていると、どこかで人と出会うということはあるように思います。

私は学校を創るときに、これからは徹底して人を育てる学校が必要だと考えていました。偏差値教育ではなく、人間的にすぐれた人たちを育てて、彼らが将来の日本の社会を背負う、あるいは世界を背負っていくような、そういう人材を育てていかないといけないと思っておりました。そして五年間は怒涛のごとく遮二無二にやってきておりましたが、だんだんと形が整ってきました。整うにつれて、そこからもう一歩外へ出て発信していこうという思いがありまして、いろいろな場に足を踏み出していったところ、同じような考えを持っていらっしゃった木下先生と巡り会ったわけです。

木下▼山田先生のお話をうかがって震えました。「これはすばらしい!」と。
　私はこれまでの進学塾運営の経験を通して、教育環境について考えさせられる点が多々ありました。公立校の先生方は往々にして学校の現場で忙殺されてしまい、ついつい本来の目的や教師になった意味を見失いがちになってしまいますね。山田先生はそのような現状を打破しようと、自治体や保護者の方々、教師のみなさんの共感を集め、実現されていった。私はその熱意に感銘を受けました。

山田▼時機といいますか、時の流れは新たな何かを生み出したり、結びつけたりということは本当にたくさんあります。学校を創るのも、私の描いた理念と世の中が求めているものが合致したことによって、多くの方々の協力が得られたように思います。たくさんの人が賛同してくださり、通常はなかなか認可が難しいようなことも、みなさんの力でスムーズにいきました。人との巡り会いは大きかったですね。
　創立から五年が過ぎて、現在は才教の理念を集大成し、新しく理論付けしています。もっともっと多くの人に本校の教育を知っていただきたいと思っていますので、これからさらに良い巡り会いが生まれるのではないかと期待しております。

木下▼才教学園は学校理念として「志教育」を大きな柱にしていますね。そもそも「志教育とは？」と質問されたら、先生はどうお答えしますか？

山田▼ひと言で言うのは難しいのですが、現在の日本の若者は内向きになりがちで、新しい何かを求めるというよりも、自信がなくなって縮んでしまっているという傾向がありますね。それは日本経済の問題もあり、社会の中で将来に期待を感じることが少なくなってきていると。そうした事態をバックグラウンドとして、志を持ち、自分の人生を切り拓いていくような、そういう人を育てる教育を行いたいわけです。

その「志教育」を実践するために重要なファクターは、土壌だと私は思っているんです。土壌というのは、たとえていうなら「バラとアブラムシの話」があります。バラにはアブラムシがびっしりと付きますね。そうしてバラを枯らしたりしてしまうわけですけれども、バラにアブラムシを付かなくする方法があるんです。それは薬を撒いたり消毒したりするのではなく、良い土壌で育てる。しっかりとした土壌で育ったバラは樹液が濃く、アブラムシが付いても吸えないのだそうです。するとアブラムシは、弱い薔薇のほうに移っていってしまう。この話を聞きまして、まさに「教育も土壌だ」と。人を育てるのも同じであって、強い人を育てるには教育的な土壌が必要になってきます。

愛情・倫理・チャレンジ精神あふれる教育環境

山田▼子どもをのびのびと強くたくましく育てるため、しっかりとした土壌をつくるにはどうするかというと、三つの要素があると思っております。

一つは愛情です。学校には教師、児童、生徒と、大勢の人間が集まりますから、他人に対する思いやりや愛情はなくてはならないものです。愛情のない土壌では、何をやってもうまくいきません。根底に愛情がなければ、たがいの気持ちは人に伝わりませんし、人も動いていかない。まずは思いやり、愛情が必要です。

二つめは倫理だと思います。規律ですね。戦後の日本の社会は個人主義、自由主義が蔓延しています。それはもちろん良い考えだけれども、行き過ぎるとエゴイズムにつながってしまいます。個人の自由には、必ず責任や規律が伴います。ところが戦後の教育では、責任とか規律とか、そういったものがおざなりにされている環境になっているように思います。であれば、正しい道というものを学校の中で定着させていかなくてはならない。ということで、本校は倫理、規律を重視しています。

そして三つめはチャレンジ精神ですね。親は子どもが可愛いので、我が子が転ばないように石をどかしてあげたりして、安全な道を用意しようとします。けれども、それは決して子どものためになっていないわけです。子どもにとっては荒々しい道があったほうが、それを乗り越える力を身につけることができます。だからやはりハードルは必要です。ハードルを乗り越えれば乗り越えるほど、「こんなこともできるようになった!」という自信を持ち、チャレンジ精神も生まれてきます。したがって、いろいろなことに勇気を出してチャレンジできるような環境であることが大切だと思うのです。

木下▼先生がおっしゃった愛情と倫理とチャレンジ精神。私も同感です。塾でも、同じことを言っているのに、この先生だったら聞くけれど、この先生だったら聞かない、ということがよくあります。それはその先生が、どんな思いで伝えているかなんですね。愛情の床に立っている先生は、厳しい言い方をしたとしても、彼らが「この先生からぼくは愛されている」と思えば、愛情表現だととらえるわけです。ところが、愛情の床に立っていない先生がいたとしたら、どんなに美辞麗句を並べても子どもは受け入れない。子どもたちは、それをちゃんと見抜きますね。結局、愛情というのは大人のあり方に関わってきます。だからご家庭でもうまく愛を伝えながら厳しく育てたり、褒めたり、それが重要なファクターだと思いました。

それから規律については、山田先生は「ならぬことはならぬ」という言葉をよく使っていらっしゃる。これは会津藩の？

山田▼ええ、会津藩の日新館に行くと書いてあることですね。会津藩には、有名な「什の教え」という規範がありますね。当時の九歳までの子どもたちが、団体行動を行ううえでいろいろな教えがあるのですが、締めくくりに「ならぬことはならぬものです」と書いてあるわけです。それは今の教育にも必要な教えではないかと思います。学校に限らず家においても、理屈を言えばきりがありません。ロシアの昔話に、へそ曲がりの子どもが「どうして？　なぜ？」と聞き続けると、百人の博士が答え続けても答え切れない、というのがあります。そういうふうに屁理屈を言い続けると、答えようがない。それに対して「だめなことはだめ！」と、ちゃんと言えるような家庭であったり、学校であったり、教師であったりしなくてはいけない、ということです。

木下▼「什の教え」には「何々をしてはなりませぬ」といくつも書いてありますよね。そのような基本的なルールを外れると、やはり人間として間違った道へ踏み外してしまうことが多い。これも私は、塾講師の経験で体感しました。

それと最後のチャンレンジというのは、ぜひ子どもたちに伝えたいですね。私はよく子どもたちに「成功の反対は何？」と問いかけるわけです。そうすると子どもたちは「失敗」と答えるわけですね。そこで「失敗を何回か繰り返した後に成功ってあるよね」と言ってあげると、「本当や！」と気づく子どもがいるんです。そして「成功の反対は失敗じゃないよね？　ほうら、おかしいでしょう？　実際は成功の反対は失敗じゃないんだよ。じゃあ成功の反対は何だと思う？」と言っていくと、やがて彼らは「何も行動しない」ということが成功の反対だと気づくわけですね。「何も行動しなければ失敗しないよね、失敗がなければ成功ってありえないよね、だから君たちが行動を起こすこと、挑戦すること、チャレンジすること、それが成功への道だよ」とよく話していました。だから、山田先生のお考えをうかがったときに「これ、これ、これ‼」という感じでした（笑）。何か我がことのように「これだよ‼」と。

日本人が昔から培ってきた価値観を子どもに教える

山田▼そういうふうに受けとっていただいて、大変ありがたいですね。今、世の中がそのように変わりつつあるんじゃないでしょうか。多くの方たちが、戦後の社会的な風潮や教育にしても、「どうも大事なものが失われているのではないか」と懸念しています。

振り子現象という事象がありますね。過去の戦争は、たしかに日本人に多大な傷跡を残しました。戦争へと至った世論、あるいは教育もそうです。学校でも子どもたちに「お国のため」と教えて、国民がこぞって戦争に向かっていった。だからその反省として、戦後はまさしく振り子のように、真逆の方向にという流れが出てきました。それが自由だとか、平等だとか、個人主義の謳歌につながったわけです。

ところが、それがまた行き過ぎることでいろいろな問題が起きてきました。戦争によって過去のすべてが悪かったと考えて、昔からの大切な文化や伝統は消失してしまったのです。実際に人間が生きていくよりどころとしては、長い間培ってきた習慣だとか、伝統だとか、文化だとか、そういったものがベースとなります。にもかかわらず、それまでを捨てしまっては人格を形成することができないのです。教育現場でしっかりと人格形成をしていくには、やはり日本人が長年培ってきた価値観や倫理観をもういちど見直す、大事にする必要があるのではないかと思います。

才教学園は、修学旅行で毎年会津に行くんです。日新館の見学では「ならぬことはならぬ」と書かれた「什の教え」をしっかりと見てきます。そのときに「屁理屈やわがままを正当化してはいけない。社会を構成する大事な規範は、いつの時代でも守っていかなくてはならないんだよ」と教えています

木下▼現在は、たとえば愛国心という言葉が出てくると、敏感に反応される方もたくさんいらっしゃる。でも、実はひとつのキーワードに「本当の」というキーワードをつけると、平等とか自由とか平和とか対極にあるような言葉も、本質的なベースは愛国心と同じではないかと思います。愛国心というといかめしいイメージがありますけれど、本当の愛国心があれば、他国の方が自分の国を愛する心も推し量れますよね。過去には、間違った愛国心が国民を煽動して悲劇を生んだわけですが、本当の愛国心とはみんなが国を愛することを尊重する心のことだと思うんです。やはり「本質は何なの？」ということを見定めてい

くような、そういった学校教育というものがあらためて切望される世の中になってきているのではないでしょうか。そこにすい星のごとくあらわれたのが才教学園だな、という気がします。

山田▼たしかに愛国心という言葉は一般に抵抗がありますね。私も団塊の世代ですが、私たちの年齢になるともっと抵抗があるのですよ。

だけど愛国心を否定するがために、自分たちの価値観までも否定してしまっている現象が生じているわけです。社会、会社、学校、家庭、そういったあらゆる共同体において倫理観や思いやりがなくなり、日本人の精神性は崩れてきてしまっているように思います。とくに海外に行くと、日本という国がよく見えてきて、日本人はなぜこんな根無し草のような国民になってしまったんだろうと考えさせられます。国を愛するということは、自分たちの社会を愛するということであるし、それはまた家族を愛し、まわりの人を尊重することとつながっているものです。だから愛国心という言葉をやみくもに拒絶するのではなく、ひとつひとつの言葉の意味を読み直して、いい国、いい社会をつくっていく意識、観点を強く持つ必要があると思います。

世のため人のために尽くせる人間力をいかに育むか

山田▼本校は「世のため、人のために尽くす高い志を育む」という理念を掲げているわけですけれども、それは選ばれた人間だけが育むものべきであるとか、そんなことを考えているわけではありません。国民だれもが育んでほしいと思っています。自分だけ目的を達成して偉くなればいいとかそういうことではなくて、みんなが高い志を持って手を携えて、住みやすいいい国、いい地域、いい社会をつくっていこうという思いがあります。それが「志教育」の根底にあるわけです。

木下▼よく教育行政のほうから「人間力をつける教育」なんていうスローガンが降りてくることがあります。あれは面白くて、「じゃあ人間力って何ですか?」とお聞きすると、閣僚も行政の方もそれぞれ千差万別の答えを持っておられる。つまり「人間力とは何か」といったときに「これ」という答えはないわけですね。

私は思うのですが、人間力のある人というのは、ひと言でいうなら「他のために何かをできる力のある人」のことではないでしょうか。家族やまわりの人も他ですし、地域や国も他ですし、地球全体も他ですし、動物もそうです。そうなると自分のことはもちろん大事なんだけども、まわりの人、地域、国、自然、あるいは地球の環境までも考えて、みんなを幸せにできる力があって、なおかつそれを実行できる人というのが人間力を持った人なんじゃないかなと感じています。

先生が提唱しておられる「志教育」を受けた子どもたちは、根本的な人間力を育まれていると思うんです。先ほどおっしゃった土壌において「世のため、人のため、国のため、世界のため、地球のため、高い志を持とう」と教えられ、そこにしっかりと志の根を張った子どもたちだったら、どういう方法であれ将来的に素晴らしい社会を実現してくれる可能性があるのではないかと。子どもたちに志の種を育てることから徹底して教育をされているなというのが第一印象でもあり、直にこうしてお話をお聞きしていても実感します。

山田▼人間力を育てるため、大事なものは土壌であるというお話は先にしました。それに加えて、もうひとつ必要なのは感動だと思うんです。本で読んだとか、授業で話を聞いたとか、知識として蓄えたものは活きたものではない。知識だけでは、人に伝え、人の心を揺さぶることはできません。それに対して、感動は人を動かす力を持っているわけです。
人間はだれしも、感動したときには心の深いところで善なるものに触れるのではないかと思います。子どもは、感動して善なるものに触れると、自分の中に眠っているいろいろな芽が芽生えてきます。志が芽生えると「ぼくは人のためにこうしてあげたい」とか、「こんなことをして役に立ちたい」とか、そのために「自分はこんなことができる」とか、自己を肯定的に見つめられるようになります。子どもに感動を体験させて、そこから「自分は次に何をすべきか」というふうに発想していくと、どんどんプラスの行動や思考があらわれてくるのです。そういった感動教育というものが、まずは必要だなと思うんです。だからスタートは感動ではないかと思いますね。

木下▼いや、もう本当におっしゃるとおりですね。私も経験していますが、子どもたちが心から感動すると、不思議なことがいっぱい起こるんです。
私は塾の講師をしていたときに、「子どものモチベーションを高めるために、重要なキーワードは何だろう?」ということを同僚の講師と追求したことがあります。そのときに出てきた言葉が、まさに先生がおしゃっている感動なんです。「授業を感動でデザインしよう」と。「一生の思い出に残る授業」というのが当時、私たち講師のキャッチフレーズになったんです。実際に感動を体験させると、やはりペンを動かす速さがアップして、スピードが飛躍的にあがるんですね。

感動を体験させると自信が生まれ奇跡が起きる

木下▼あるとき塾で「入試直前に感動させよう」という企画が立ち上がりました。中学入試では、ほとんどの受験生の保護者の皆さんが付き添いとして試験会場に来られています。私たち講師は、当日、受験する塾生全員の保護者が来ておられることをまず確認します。そしていまから始まる入試のワンポイントアドバイスをミニ講義という形で行います。「このあたりの問題が出るんじゃないか」というような試験直前の最後の講義ですね。

最後の講義というだけでも、彼らはけっこうグッとくるものがあるようなのですが、その講義が終わった後で、受験会場に入ってもらうまでのほんのちょっとの間に、こんなことを言うんです。「君たちは、これで三年間の授業はすべて終了だ。よくついてきてくれたと思う。先生はとても感謝しています。ありがとう」と。そこでもうグッとくる子もいるわけですね。さらに話を続けます。

「君たちは本当によく頑張ってきたよな。今から君たちは自分との戦いに挑むんだ。他人との戦いじゃない、自分との戦いだ。試験会場に入れば、君たちはもう自分の力を信じてやるしかないんだ。このステージに立てたということが、君たちの人生の最高のステージだと本当にそう思っている。今、ここに君たちがこうやってここにいることに心から敬意を表したい。ただ、ひとつだけ最後に先生が言っておきたいことがある。今日、君たちがここにいることができるのは、自分だけの力でここまで来られたのかな？　そこを最後に考えてほしいんだ。だれかの協力があったよね？」

こう言うと、なかには「先生！」と返してくれる子がいます。そこは「ありがとう」と言っておいて、「ほかにいるよね？」ともういちど問いかけると、「お父さん、お母さん」という答えが返ってくるんですよ。「家族の支えがあってここにいることがわかる人！」と言うと、全員がぱっと手をあげるんです。

「わあ、よく成長したな。先生は本当に嬉しいよ！　じゃあ本当にそう思っているんだったら、もう受かるとか落ちるとかいいじゃないか。お父さん、お母さんの支えをもらっているという感謝の気持ちを持っているなら、今、おうちの人が来ているよね？　一分だけ

時間をあげる。お父さん、お母さんのところに行って、お礼を言っておいで。『お父さん、お母さん、本当にありがとう、ぼくがここにこうやっていられるのはお父さん、お母さんのお陰です。ぼくはこれから試験を受けてくる。精いっぱい頑張ってきます』と言ってきなさい」

こう言って、送り出すんです。子どもたちが、お父さんとお母さんのところに行って、「ありがとう」と言うと、どのお母さんも大号泣します。そんな母親の姿を見れば、子どもも泣いてしまいます。そして一分後、わんわん泣きじゃくってしゃくりあげながら戻ってきます。そうやって最後に「君たち、よかったね。こんなにいろいろな人の愛を受けてここにいる。さあ、この愛を全身に感じてそのパワーで入試を頑張っておいで！　行ってこい！」と送り出すと、当落線上の子どもがほとんど受かってしまう。不思議ですね。「合格ギリギリだな。だいじょうぶかな」という子が軒並み受かります。山田先生、これは何なんでしょうか（笑）。

山田▼やはりエネルギーがわいてくる、自信がわいてくるのでしょう。泣くというのは、それだけ全力を尽くしてやってきた、親も応援してくれてやってきた、だから結果はちゃんと出るというような自信にまでつながるわけですね。

全力を出して泣いた経験はその後の人生に活きる

山田▼才教学園でいいますと、体育祭が感動体験のひとつの場になっています。これがまたとことん勝負に徹して、小学校一年生から中学校三年生が紅白に分かれるんです。赤組対白組で勝ちにこだわるということで、全力を尽くして戦うわけです。縦割で二チームに分けるということは、一チームに小学校一年生から中学校三年生までいることになります。そうなると中学生が小学生に指示をしたり世話をしたり、中学生が競技をしているときは小学校の小さい子が応援して、まず縦のつながりができるのがいいわけです。それと勝ちにこだわるのは、昨今はちょっと避けられているでしょう？

木下▼ともすれば、そうなりますね。

山田▼多くの学校では、平等にしなくてはいけないとか、差をつけてはいけないとか、そういう配慮が先立ってしまいます。ところが才教学園の体育祭では、あえて勝負にこだわって、勝者と敗者の明暗をくっきり出しています。なぜかというと、勝負にこだわることで、逆に勝ち負けだけではない貴重な体験が得られるからなんですね。ベストを尽くしたからこそ生まれるたがいの信頼感、上級生、下級生のつながり、そして何よりも頑張った自分への自信がわいてくるのです。

勝ったチームは爆発して歓喜にむせびますし、負けたチームは悔し涙を流します。やがて勝者も敗者もおたがいを称え合って、体育祭の幕を閉じます。そうやって全力を出して何かをするということは、人間力を大きく伸ばすわけです。たぶん、こういった感動体験を重ねると、中途半端がつまらなくなるはずです。全力を尽くして、感動を味わうほど、その後の人生の深みが規定されるのではないかと思いますね。

近年は、学校でも家庭でも子どもに楽をさせよう、無理をさせないようにしようとする傾向が顕著です。しかし過保護にされてチャレンジする機会がないまま、子どものころを過ごすと、何をやっても熱くなれない、冷めた人間になってしまうかもしれません。小さいうちに負けたり失敗したりして、泣いたり悔しがった経験がなければ、大人になって充実した生き方ができにくいように思うのです。

木下▼私も塾で教鞭をとっていたころ、感動の薄い子どもが増えてきたなと感じていました。感動というのは、つまりは感情移入ですよね。今、あの人はさぞ悲しいだろうなとか、あの人はよく頑張ったなと、その人の立場を慮って感動する。ところが自分以外のものに感情移入ができないと、なかなか感動できない。じゃあ、どうしたら感情移入ができるようになるかというと、自らいろいろな立場を経験したり、いろいろな問題を解決して、はじめて感動のチャネルが広がると思うんです。

子どもには成功も失敗もたくさん経験させるべし

山田▼まさにおっしゃる通りですね。「知識は伝承できるけれども、感動は伝承できない」というのは私がよく言っていることです。たとえば平安時代の人と現代の人とを比べてみたときに、現代の人のほうが感情が豊かであるかといったら、到底そうとはいえません。むしろ感情面とか抒情的な面ではマイナスになっているともいえるわけです。人間はもともと感動する力を持っているわけだけれども、現代社会ではいろいろなことにチャレンジしたり経験する機会や場がないと、感動したくてもできません。ですから感動体験を積み重ねられるよう、教育環境を整えることも考えなくてはならないのです。

木下▼感動のチャンネルを増やすためにも、失敗を恐れず、子どもたちにいろいろな経験をさせるのは大切なことだと思います。たとえば、子どもがコップになみなみと水を注いだとしたら、大人は「転んだらじゅうたんがびしょびしょになってしまう」と思って、コップを取り上げたりしますね。だけど、子どもが転んでコップの水をこぼしたら「いい経験になる」くらいに思ったほうがいいのではないでしょうか。こぼしても「こぼれたね、一緒に拭こうね」とか、「何でこぼれたんだろうね?」というアプローチをかけたほうがいいと思うんです。

山田▼本校の親御さんたちは、子どもが外で走り回って、多少膝をすりむいたりケガをしたりしても全然驚かないですね。木下先生がおっしゃるように「ああ、いい経験したね。これから気をつけようね」というのが、大方の保護者の反応です。

学校を創立したときは現在の場所ではなく、山の中にあったような学校でしたので、そこで子どもたちが走り回るとよくケガをしたものです。だけど子どもたちもへっちゃらだ

し、教師も親御さんもへっちゃらなんです。そのうちに子どもたちは、険しい岩場を上手く走り回るようになります。それはやはり、どうしたらケガをしないかを身につけるんです。子どもたちは、そうやってどんどん克服していく力があるわけだから、チャレンジする機会を奪ってしまったら、せっかく伸びるものも伸びなくなってしまいます。

木下▼学校の現場では、安全の確保はもちろんしなくてはなりません。命に関わることや重大な事故には万全の注意をはらったうえで、すりむく程度のケガには目くじら立てずに、ぜひいろいろ体験をさせてあげてほしいですね。

山田▼そういうチャンスを学校の中でいっぱいつくっていこうと思っています。

木下▼いいですね、それは。失敗の上にある成功を体験させるということですよね。

山田▼しかも、失敗を克服することによって子どもたちは強くなるんです。ものすごく成長します。人間は本来いろいろな能力をたくさん持っているんです。小さいときには、そのような生きる能力を伸ばす時期でもあるのに、だんだん年齢が経つにしたがって、「あれはだめ、これもだめ」という具合にどんどんできなくなっていって、チャレンジできない大人になってしまいます。そうではなく、学校というのは心と体を鍛え強くするような環境であるべきだと思います。

子どもの可能性を伸ばすための二つのポイント

木下▼私は今まで、大勢の生徒に接してきたなかで、子どもの可能性をより伸ばすには、自発性を育まなければならないと思っています。これは子どもだけでなくて大人もそうですけれど、人間というのは二つのものが満たされたときに自分からやる気を出して、伸びていく可能性が高まると考えているんです。

二つのものとは何かというと、ひとつは自分の成長が目に見えること。測定可能である、メジャラブルということです。たとえば数学でいうと「因数分解のこの公式習得しました」といったシールを貼ります。次に「これも習得しました、また上がったよ」というように、進歩の度合が目に見える。そういった指標があることで「よし、また頑張ろう」という気になるんです。ところが実はそれだけでは、子どもたちは本気になってやる気を出してくれなかったんですね。

そこにもうひとつの視点をもってきて、すごく上手くいったのが、自分がまわりの役に立っているという実感をメジャラブルにしてあげるんです。自分が成長しているということが目に見えてわかる指標。そして自分がいることによってまわりに役立っていて、みんなから感謝されているという指標。二つのことをメジャラブルにする、ダブルメジャラブルですね。この二つの指標を提示してあげると、自らやる気になって、すごいスピードで成長する子どもが増えてきたんです。

私は塾で教えていたとき、自分の成長をメジャラブルにしてあげるのは簡単だと思っていました。カリキュラムを細かく設定して、ワンステップ上がればシールなりハンコなりで、自分の成長をわかるようにしてあげればいいわけです。ところが、もうひとつの自分がまわりの役に立っているということを、塾の現場でしっかり体感させてあげることがなかなか難しかったんです。なぜならば、今やっている勉強が、いずれ社会に出たときにどのようにまわりの役立つのかはわかりにくい。みんなの役に立つことができる準備段階にいる彼らに、「君たちはここにいるだけで、勉強しているだけで役に立って、まわりを幸

せにしてあげているんだよ」ということを、いかにして目に見せてあげられるか。これがすごく大きなポイントだったんです。

それでどうしたかというと、塾の取り組みとしては、たとえば数学だったら成績が良かった子には新たな課題を課したんです。ひとつの分野で得点が伸び悩んだ子に教えて、その子の成績を引き上げる。そこまでが仕事です。これによって教える側に回りますから、その子も伸びるし、相手も伸びるし、またその子も成績が良いことを威張らなくなるんですね。さらに友だちから感謝されると、自分の存在意義を実感できるわけです。

ただし、これは教育現場では難しい。自分の存在がまわりの役に立っているということをわからせるのは、学校や塾だけでやるのは限界があります。

よって、ここをご家庭でもやっていただければと思うんです。子どもに何らかの役割を与えて、その役割をまっとうさせること、そして「君がいないと家族が成り立たないんだよ」ということをちゃんと伝えるということです。

たとえば新聞をとりに行くのでもいい、靴を揃えるのでもいいわけです。うちの息子はアッちゃんと呼んでいるんですけれども、アッちゃんは靴を揃えるのが役目なんです。

「アッちゃんがこうやって毎日靴をきれいに揃えてくれているとね、すごいことが起きるんだよ。たとえば泥棒が入ってくることがあるよね。泥棒は、靴がきれいに揃っている家に入ると、家の中を荒らすことに抵抗感を感じるんだよ。靴がきちっと揃っているだけで家の空気が凛とみなぎる。君はこの家の空気を澄ましてくれている。ありがとう！」

こう言ってあげると、息子は「自分は役に立っている」と感じますね。そうなると、反抗したり「嫌だ！」と言わなくなってくるんです。

ですから、家庭の中でも、自分の成長を目に見えるようにすることと、自分がまわりの役に立っているという実感をどちらも満たしてあげていただきたいと思います。

学校と家庭と両方の取り組みが、子どもの可能性をより伸ばすのではないかと思いますが、そのへんはいかがでしょうか？

学校と家庭が同じ方向を見ていることが大切

山田▼木下先生のご家庭での実践はすばらしいですね。そうですね、家庭でなすべきこととしては、子どもは親の背中を見て育つという言葉があります。そういう意味では、私は自分の子どもの育児にはあまり手をかけてきませんでしたが、息子は私の背中を見てきているんじゃないかなと思っています。

本校の子どもたちも、お父さんはしっかりとした仕事をして、自分の生き方に基づいてやっていらっしゃる。あるいはお母さんも家庭の信念に基づいて、きちんと子育てをしておられる。子どもはふだんからそういった親の姿を見て、それぞれの家で価値観を育んでいます。才教学園では入学試験での保護者面接で、親御さんの考えも聞かせていただいたうえで選抜していますので、その点はかなり信頼しています。

私は、学校と家庭において子どもに正しい価値観を伝えなくてはいけないと考えていますので、折に触れて親御さんにそのことをお話ししているんです。子どもは親の価値観を見ながら、自分自身の価値観を築いていくわけですね。そのときに信念のない生き方をしている親であれば、子どもはフラフラしてしまいます。たとえばバラを育てるときも、若木には添え木をします。添え木というのは、ひとつの信念と考えればよいわけです。その信念がない状態でフラフラしていると、バラは育たないんです。だから小さいときは、きちんとした信念の添え木で支えなくてはいけないのです。

今は、「子どもが成長していく過程で、個々に自分の信念を見つけていけばいいじゃないか」という意見もありますね。しかし、大人が価値観の方向性を示さなければ、子どもはどっちに進んでいけばいいかわからなくなってしまうでしょう。子どものうちは、少なくとも「こちらが正しい道だよ」と教えてあげる必要があると思います。

そのときに重要なのは、学校と家庭が足並みを揃えることです。さらにいえば、家庭でもお父さんとお母さんが同じ方向を見ていたほうがいいわけです。もちろん夫婦であったとしても、考え方や好みというのは違っているかもしれませんが、いざ子どもを介したときには、ひとつの方針に向かっていけるということです。いずれにせよ学校、家庭が価値観を共有して、子どもの教育にあたることが大切なのです。

本校では、親御さんに対していつも「才教学園は、世のため人のために尽くす高い志を育てる学校です」とアナウンスしています。「学校理念にのっとって、カリキュラムから行事からすべてを企画しています」とお伝えしています。それを聞いた親御さんは「なるほど」と理解して子どもを入れていますので、家庭での教育もきちんとしてくれるわけです。そうすると子どもは、学校と家庭の考えがブレないので安心できるんです。安心できて、なおかつ過保護ではなく厳しく育てられるため、子どもはまっすぐのびのびと強くたくましく成長できるのです。

学校と家庭がバラバラだったり食い違いが発生していると、その間で子どもはフラフラしてしまいます。フラフラした環境では成長できません。本校の子どもたちは、学校でも家庭でもしっかりした考えに基づいた環境で、自分の良いところを伸ばしています。人間はだれしもよこしまな気持ちがどこかに潜んでいますが、教師も親御さんもそれを抑えることを学ばせています。そういう環境に子どもたちを置いておきますと、よけいなものに成長が阻害されることなく、意欲もどんどん生まれてくるわけですね。

子どもたちはみんな、学校が大好きです。「休みの日はなくてもいい」と言う子どもがたくさんいまして、学校に通うのが「楽しい」と言っています。学校生活が楽しければ、当然勉強もはかどります。大人だってそうですね。「会社が面白くない」と思っていると行きたくなくなりますし、仕事にもやる気が出ません。子どもたちが「毎日学校に行きたい」と言うのは、自分が大切にされているとか、自分がそこで成長している、ということが実感できているのでしょう。

木下▼子どもを伸ばすには、学校だけでも家庭だけでもだめで、いかにして価値観を同じくして育てていくかが大事だということですね。それでは最後に、山田先生のこれからの才教学園にかける夢をひと言お聞かせください。

山田▼ひとつは本校を卒業した子どもたちが、身につけた志を持ち続けて、社会で発揮していくことを願っています。才教の理念がいろいろなところで実を結ぶのが見えてきたらいいなと思っております。それともうひとつは、今は小学校と中学校なので、いずれは高校までと考えています。小、中としっかりとした理念に基づいて子どもを育て、その子どもたちが羽ばたいていくための次のステップを早く用意してあげたいですね。

終章

私の志

「二一世紀につなぐ教育がある」

青天井の可能性をもった子どもをさらに伸ばす！

才教学園は、今年（平成二三年）で創設七年目になります。

本校が誕生したとき、日本のみならず、世界は二一世紀に入って大きく変わる兆しが見えていました。そうした地球規模の変革期にあたって、

「大いなる夢と強じんな意志をもった若者を育てたい」

という強い思いで教育に取り組んできましたが、その思いは年月と共に現実のものとなり、いまやゆるぎない確信に変わりました。

言い替えるなら、私たちが当初描いたビジョンをはるかに超えた到達点にたどり着こうとしているのではないかとさえ感じています。それは子どもたちの奇跡とも思える成長を日々目の当たりにしているからです。

創設してからの六年間は、まさに驚嘆と感動の連続でした。

子どもたちは、大人が頭で考える常識や限界をいとも簡単に打ち破ります。まっすぐに成長し、「可能性は青天井である！」ということを自ら教えてくれるのです。

そんな子どもたちの限りない可能性に応えるべく、本年度からはさらに一歩進めたカリキュラムを組んでいます。六年間にわたって培ってきたカリキュラムをバージョンアップさせ、力を無限大に伸ばそうとしているのです。

これは小学校の六年間プラス中学校の三年間、トータル九年間でより高度な学力を身につけさせるための試みです。高い吸収力、向上心、好奇心をもって学んでいる子どもたちに、ハイレベルな授業を提供しようというわけです。

国語：国語の授業の他に、「表現」という講座を週一コマ設け、書く力を徹底的に鍛えます。従来の国語と合わせて、論理的思考力、問題解決力を身につけます。中学二年になると高校の古文、漢文を学び、中学三年になると短歌、俳句なども学びます。

英語：第2章の英語教育のところでも述べましたが、小学一年から英語授業を行い、中学三年までの九年間で全員が日常会話レベルの英語を話せるようにします。

算数・数学：小学一年から先取りしながら進めることで、中学三年で高校二年までの範囲が終了します。中学三年は夏休みまでに単元の学習を終え、受験対策学習またはさらに先の範囲まで学習します。

理科：単元ごとに先の学年の内容を先取りして、中学三年までに高校一、二年の内容を網羅します。実験を多く行い、考察やレポートを通して論理的思考力を養います。

社会：歴史観を大切にし、大いなる志によってつくられた歴史を学び、世界を身近に感じる地理と公民を学びます。中学では高校の現代社会や地理、歴史、政治経済を含め、社会科の分野と単元を効率的に組み合わせて、より深く体系的に学べるようにしています。

新しいカリキュラムでは、いずれの学年の教科も先取りをするのが特徴的です。たとえば小学一年であれば、一学期ないし二学期で一年の内容をすませて、あとは小学二年の範囲の学習をします。小学六年になれば、中学一年、または二年の範囲まで学びます。こうして各学年でどんどん先取りをして、中学三年では一学期までに高校の範囲を学習したのち、万全の受験対策学習をしたりさらに先の学習をしたりします。

一見詰め込み教育のように見えますが、本校は土曜日も授業を行っていますので時間数が多くあります。文科省で定められた時間を当てはめただけでも十分できる進度です。

創立以来、学習指導においては常に目標を明確にし、チャレンジ精神を養わせてきました。それによって子どもたちは自ら上を見て、自分の目標を設定できるようになりました。

学習意欲を高め、力をつけていく子どもたちの成長には目を見張る思いです。

授業中はだれもが自発的に取り組み、予習、復習は教師が言うまでもなく、皆がちゃんとやってきます。算数・数学にしても理科、社会にしても、もっと知りたい、もっと高いレベルの勉強をしたいと求める子どもがたくさんいます。

ですから、カリキュラムを大幅に見直して、限りなく知的好奇心を満たす状況をつくったのです。

子どもに備わっている意欲と能力を引き出し、限界を設けずに伸ばすのが学校のつとめです。これからも改善を重ね、進化し続けていきたいと思っています。

自らの正しい生き方を選択できる高校を設立する

私は、設立趣意書に「志をもった時代のパイオニアを育てたい」と書いています。

世のため、人のため、国のため、世界のため、時代を切り拓き、使命感をもって生きていく。そんな人間を育成するために、全校をあげて教育にまい進してきました。

今、私たちが将来に向けてビジョンを描いているのは高校の設立です。

才教学園を小中一貫の学校としたのは、人を育てるには小学校から始めなくてはいけないと考えたからです。志の種をまき、芽生えさせ、開花させるには、早ければ早いほうがいい。そう考えて、小学校と中学校を設立したわけです。

しかし、創立から六年が過ぎて中学まで育ててきて、そこで止まるのはもったいないという気持ちも出てきました。中学生は志を高めてきたところで、本校を巣立っていきます。将来の夢を実現させていくプロセスで、いちばん大事な時期は高校時代です。小学校から志を育て、その志をより強固なものに構築していくためには、高校まで必要ではないかという思いが広がってきたのです。

高校設立については親御さんからの強い要望も数多くいただいています。本校の理念に共感し、共に子どもを教育してきた親御さんのなかには、中学卒業時に「ここまで育ててくれたのにもったいない。ぜひ高校も創ってほしい」という方がたくさんおられます。そうした声が増えるにつれ、私たちもきちんと考えなければいけないという使命感がわいてきたのです。

たしかに小学校から育ててきた子どもが、やがて世の中でしっかりとした生き方をするためには、高校の年齢まで導いていくのがベストです。

小学校、中学校まではしっかりとした方向性を与え、志を伸ばす時期といえます。そして高校は自立をうながし、自ら生き方を選択していくときです。その時期の子どもたちに関わり、育てていくことも、これからの本校の役割ではないかと思っています。

現在、私たちが構想しているプランのひとつは、高校では充実した体験授業をしたいということです。

高校生の年ごろの子どもは、生命力に満ちあふれています。そのような思春期の子どもが持っている「いのちの力」を引き出して、どこまでも伸ばす体験授業をできるだけ多く設けたいのです。

たとえば「学び」の力（自己成長力）と、「心」の力（環境調和力）と、「身体」の力（身体感覚潜在能力）を限りなく伸長させるため、外部講師と連携してさまざまなプログラムができればと考えています。

あるいは夢や目標を現実に近づけるために、英語コミュニケーション、自然科学、医療、ものづくり、小説・表現といった領域の体験講座も設置します。これも各領域の最前線で活躍している講師の方を迎え、生徒の才能を喚起しうる講座を受けさせたいのです。

そして高校生が、国家観をしっかり学ぶことも大事だと思います。

才教学園の学校使命「世のため人のために尽くす高い志を育てる」というのは、国や世界にも貢献しうる志を育んでほしいという意図がこめられています。ただし国家観という観点は、小学生、中学生ではまだ理解しきれない部分もあります。だから高校で、きちんと扱っていきたいのです。

近年は情報通信網の発達によって、世界の国々はボーダーレスになりつつあります。しかしそのことによって、価値観や人生観までは失ってはならないのです。そのような現状を鑑みれば、むしろ国家観なき根無し草的な人間は淘汰されてしまうでしょう。グローバル化のさらなる進展を想定して、国際社会での日本の価値も問い続けていかなくてはいけない問題です。

そういう意味でいうと、思考力を伸ばし感受性が磨かれていく高校の年代にこそ、郷土愛や国家観、世界観といったことに真剣に向き合うべきだと思うのです。

次代を開拓し、輝ける未来を革新する子どもたちへ

私たち才教学園は、高校設立を目指してプランニングを始動しています。

とはいえ、やみくもに急いで高校を創ろうとは考えていません。

才教学園小学校・中学校は、創設七年目を迎えたばかりのまだ新しい学校です。この六年間の間には、学習指導、人間教育をはじめとして、校風の醸成、学校の伝統づくり、教師の研鑽、保護者と学校の関係などなど、さまざまなものを築いてきました。それらは今ひとつの大きな実績となっていますが、より洗練されたかたちにする必要があると思っています。ですから、現在の才教学園を進化させたうえで、その延長線上に高校設立があると私たちはとらえているのです。

先の展望としては、四・四・四制というシステムも想定しています。

高校を創設したあかつきには、小中高の一二年間を三分割し、「志教育」を強化していきたいのです。というのは、小学一年生から中学三年生の子どもたちを見てきて、小学校六年間は長すぎるように感じていました。小学校の五年にもなれば、本校の子どもたちは学力も人格も児童の範ちゅうを超えるほど伸びています。また体系的に「志教育」を行っていくとしたら、中学の三年間と、高校の三年間は逆に短すぎるわけです。

小学校四年、中学校四年、高校四年。

四・四・四制のシステムにして、小中高のカリキュラムを上手く統合していくと、よりいっそうの学力向上もはかれます。ですから、いつの日か高校を設立したら、四・四・四制にしてもいいのではないかと構想しているのです。

　高校も四・四・四制も、あくまでもまだプランの段階ですが、「志教育」の完成形として将来的な実現を目指しています。

　世の中には、私立であれ公立であれ伝統校はたくさんありますし、進学校も各地に存在しています。しかし多くの学校は、どうしても最終目標である大学受験のための詰め込み勉強になってしまいます。私たちはそうではなく、世のため人のために役立つ志の高い人を育てることに究極の目標を置きたいのです。

　子どもたちは、小学校、中学校、高校で学ぶなかで、いずれ大学に進学するにあたって、自分は文系か理系かとか考えるようになります。あるいは将来こういうことをしたいから、この大学のこの学部に入りたいという目標が見えてきます。

　ところが高校生になったときに、模試が何点だからこの大学は合格するだろうとか、偏差値がいくつだからこの大学は無理で、こっちにしておこうというふうになると、ただ受験勉強のための勉強でしかなくなってしまいます。

　大学に入って自分は何をしたいのか。社会に出たら何をすべきなのか。高い志を持って、将来を考えるには、やはり高校は四年間が必要です。

なかには四年の間に小説を書く生徒が出てくるかもしれません。もしくは理科の高度な実験に取り組んで、「これを大学でもっと追究したいな」という生徒もあらわれるでしょう。あるいは生き方を探索する期間として、哲学書や歴史書を読んだり、夏休みなどにゆっくり旅行に行く時間もあったほうがいいのです。

そして、その中から自分が本当に進みたい進路が見えてくるのではないでしょうか。

多くの高校生は、偏差値で受験する大学を決めて、大学に入ってから進路を探しています。専門的な医学、法律、美術、音楽などの分野を除いて、生き方が定まらないまま大学生になっています。だからいざ大学三年になると、就職活動をして企業の知名度や安定性だけで選ぶしかなくなってしまうのです。

いつか才教学園高校が誕生したら、小学校から中学校、高校まで、それぞれ四年間をかけて進む道を見つけていってほしいと思います。それも広い視野をもって、次代を築くスケールの大きい人になってほしいと期待しています。

二二世紀につなぐ教育を推進するのが、学校長である私の使命と思っています。

子どもたち一人一人の可能性を信じ、多くの自信と感動を与え、これからもその可能性を無限大にどこまでも伸ばし続けたいと考えています。

この「志教育」で育った大切な子どもたちが、未来を改革するパイオニアとして世のため人のため活躍する人材に育つことを願ってやみません。その子たちが、自らの役割を使命感を持って果たしていく中で、やがて彼らがそれを「天命」と感じることができたならば、この上ない喜びです。私たちの「志教育」は、そのために、これからもいっそう進化していかねばならないと決意しているのです。

山田 昌俊 (やまだ・まさとし)

学校法人 才教学園　理事長
才教学園小学校・才教学園中学校　校長
昭和24年長野県生まれ。
東京・千葉にて高校の教員を12年間勤めた後、イギリスにて日本人学校の開校に携わる。平成元年学習塾・開智学園開設。平成12年、学校、家庭、地域の教育力を高め、支援することを目的とするNPO法人・児童生徒教育支援協会を設立。その後、子どもを取り巻く環境の悪化、教育現場で感じた様々な疑問から、「人を育てる」ことに本気で取り組む学校として平成17年4月才教学園小学校・才教学園中学校を設立。その独自の教育理念、教育システムは、新しい教育のモデルとして全国から注目を集めている。

学力も人間力もぐんぐん伸びる
「志《こころざし》教育」の秘密

2011年 7月 6日　初版発行

著　者　山田昌俊
発行者　野村直克
発行所　総合法令出版株式会社
〒107-0052
東京都港区赤坂1-9-15
日本自転車会館2号館7階
電話　03-3584-9821（代）
振替　00140-0-69059
印刷・製本　中央精版印刷株式会社

ISBN978-4-86280-260-6
落丁・乱丁本はお取替えいたします。
総合法令出版ホームページ　http://www.horei.com/